LA DÉPÊCHE DU 20 AOUT 1870

907. — Imprimerie Parisienne, J. SOUBIE, impasse Bonne-Nouvelle, 5. — Paris.

LA
DÉPÊCHE

DU

20 AOUT 1870

DU

MARÉCHAL BAZAINE

AU

MARÉCHAL DE MAC-MAHON

PAR

LE COLONEL BARON STOFFEL

PARIS
LACHAUD ET BURDIN
LIBRAIRES-ÉDITEURS
4, PLACE DU THÉATRE-FRANÇAIS, 4

1874

Après être resté pendant un an sous le coup d'une accusation grave, portée inconsidérément contre moi par le rapporteur de l'affaire du maréchal Bazaine; après avoir insisté vainement pour être traduit devant un conseil de guerre et m'être vu absous par une ordonnance de non-lieu; après avoir, enfin, subi trois mois de prison, dont vingt-deux jours passés avec des escrocs, des voleurs et des assassins, comme châtiment de la franchise indignée avec laquelle j'ai repoussé l'accusation dont j'étais l'objet, je considère que le moment est venu de me présenter devant le seul tribunal auquel il me soit permis d'en appeler; celui de l'opinion publique, et de lui donner sur ma conduite les explications qu'il est en droit d'attendre. Ce n'est pas une justification que je présente ici; car on ne se justifie pas de ne point avoir commis un crime. Ma seule intention est de raconter les faits qui se rapportent à l'affaire de la dépêche que j'ai été accusé d'avoir supprimée, de connivence avec l'Empereur. Aujourd'hui que j'ai tout oublié, la calomnie des uns, les outrages des autres, les soupçons du plus grand nombre, j'apporterai dans mon récit cette sérénité calme et froide, si indispensable pour juger sainement les événements et les hommes. Ce récit, dans ses moindres détails, sera l'expression de l'entière vérité. Je raconterai d'abord les faits qui se sont passés du 17 au 25 août 1870; puis je ferai connaître les circonstances qui ont permis que, deux ans après, pendant l'instruction de l'affaire du maréchal Bazaine, une fausse accusation ait pu être portée contre moi.

LA DÉPÊCHE
DU 20 AOUT 1870

DES COMMUNICATIONS
ENTRE
LES MARÉCHAUX BAZAINE ET DE MAC-MAHON
DU 17 AU 25 AOUT 1870

Le maréchal de Mac-Mahon arriva au camp de Châlons dans la nuit du 16 au 17 août, avec un état-major particulier tout constitué, auquel il voulut bien m'adjoindre dès le 17 août, dans la pensée d'utiliser mes connaissances sur les armées allemandes. Il m'assigna lui-même, de vive voix, les fonctions qu'il me destinait : elles consistaient à le renseigner sur la composition et sur les mouvements des forces ennemies. J'étais seul, c'est-à-dire sans aucun aide ni adjoint, chargé de ce service, pour l'exécution duquel je me mis immédiatemnnt en rapport télégraphique avec les diverses autorités des départements qu'allaient envahir les troupes de la 2e armée, commandée par le prince royal de Prusse. Le rapporteur de l'affaire du maréchal Bazaine m'a donné des dénominations que je n'ai point eues ni portées, et il m'a attribué des fonctions que je n'ai jamais remplies. C'est ainsi qu'il m'appelle tour à tour : chef de la section des renseignements à l'état-major du maréchal de Mac-Mahon, — chargé du service des renseignements, — chef du service des renseignements de l'armée de Châlons, — chef du bureau des renseignements à l'état-major du maréchal de Mac-Mahon. Ces titres officiels et les fonctions qu'ils comportent sont le produit de l'imagination dudit rapporteur qui, en me présentant aux yeux du public avec une responsabilité que je n'ai jamais eue, donnait une plus grande apparence de probabilité à l'accusation qu'il a dirigée contre moi. A en juger par les dénominations dont me gratifie le rapporteur, il aurait existé à l'état-major particulier du maréchal de Mac-Mahon, dont je faisais partie, une section ou un bureau des renseignements, c'est-à-dire un service établi et toute une hiérarchie dont j'aurais été le chef. Le public en a naturellement inféré que j'étais le centre auquel venaient aboutir tous les renseignements envoyés à l'armée de Châlons, et que j'en étais responsable envers le maréchal. Or, rien n'est moins exact. C'est à l'état-major général de l'armée qu'était organisée, sous la direction du général Faure, chef d'état-major, une section dite des renseignements, qui recevait et centralisait les renseignements de toute nature ; mais rien de pareil n'existait à l'état-major particulier du commandant en chef, qui était, comme dans toutes les armées, indépendant de l'état-major général. Soit dit encore une fois, je faisais partie de l'état-major particulier du maréchal, je n'avais aucun rapport avec l'état-major général, je ne dirigeais ni section, ni bureau des renseignements, et je n'étais qu'un officier isolé, que le maréchal avait trouvé sans emploi le 17 août, et qu'il voulut bien adjoindre à son état-major particulier, en le chargeant d'un service spécial et personnel, qui consistait à recueillir des renseignements sur la force et sur les mouvements de l'ennemi. Mais je n'avais sous mes ordres aucun officier, ni aucun employé (1); je ne centralisais rien, et je n'étais même pas tenu au courant des nouvelles ou des dépêches que le maréchal ou l'état-major général pouvaient recevoir. Mes fonctions étaient si loin d'avoir l'importance qu'on s'est plu à leur attribuer depuis qu'aucun

(1) Quelques jours après mon entrée en fonctions, le maréchal de Mac-Mahon accorda, sur ma demande, que M. Paul de Waru, lieutenant de cavalerie, m'assistât dans le service dont j'étais chargé.

officier ne les remplissait avant moi, qu'elles n'étaient même pas créées, et que personne n'en eût été chargé, si le maréchal n'avait pas consenti à me donner une occupation dans son état-major particulier le jour où il me trouva, par hasard, sans emploi au camp de Châlons. Il y a loin, comme on le voit, de ces fonctions si modestes à celles que m'attribue le rapporteur de l'affaire du maréchal Bazaine. J'ai tenu à relever cette première erreur parmi les nombreuses erreurs accumulées dans son rapport, afin de préciser le caractère des fonctions qui m'avaient été dévolues.

Lorsque le maréchal de Mac-Mahon m'assigna mon service le 17 août dans la matinée, on ignorait au camp de Châlons qu'une grande bataille eût été livrée la veille à l'ouest de Metz, entre Gravelotte et Mars-la-Tour. On en eut la nouvelle dans le courant de la journée, par une dépêche du maréchal Bazaine à l'Empereur, dans laquelle le commandant en chef de l'armée du Rhin faisait connaître qu'il avait été obligé de se rapprocher de Metz, pour réapprovisionner le plus vite possible ses parcs et ses munitions, et qu'il pensait pouvoir se remettre en marche le 19 août en prenant une direction plus au nord. Ces nouvelles causèrent à l'état-major de l'armée de Châlons la plus vive inquiétude; car, puisque le maréchal Bazaine se voyait contraint de suspendre son mouvement sur Verdun, on devait craindre qu'il n'éprouvât de plus grandes difficultés à le reprendre le 19 août, et qu'il ne vînt à être coupé de l'armée du maréchal de Mac-Mahon. La situation faite à cette armée par la bataille du 16 août était donc des plus graves : aussi son commandant en chef et l'Empereur attendaient-ils impatiemment d'autres dépêches du maréchal Bazaine; mais la journée du 17 août s'écoula sans nouvelles.

Le 18 août, à midi, le maréchal Bazaine expédia au maréchal de Mac-Mahon, qu'il croyait à Bar-sur-Aube, un télégramme que ce dernier reçut au camp de Châlons. Si je le mentionne ici, c'est pour montrer plus tard que, contrairement à ce qui a été dit, le commandant de l'armée du Rhin, bien qu'il fût le chef du commandant de l'armée de Châlons, n'a jamais entendu lui donner ni ordres, ni instructions d'aucune sorte.

Maréchal Bazaine au maréchal de Mac-Mahon, à Bar-sur-Aube.

Metz, 18 août, 12 heures soir.

« Je reçois votre dépêche ce matin seulement. Je présume que le ministre vous aura donné des ordres, vos « opérations étant tout à fait en dehors de ma zone d'ac- « tion pour le moment, et je craindrais de vous donner « une fausse direction. »

Trois autres dépêches, écrites le 18 août par le maréchal Bazaine, arrivèrent ce même jour au camp de Châlons : l'une, datée de deux heures de l'après-midi, était adressée au maréchal de Mac-Mahon, les deux autres, datées l'une de quatre heures et l'autre de sept heures cinquante minutes, étaient adressées à l'Empereur. La dépêche destinée au maréchal de Mac-Mahon avait été écrite avant l'attaque du 18 août ; le maréchal Bazaine y disait nettement que sa marche sur Verdun était arrêtée, par suite des combats livrés le 14 et le 16 août, et qu'il se voyait obligé de séjourner à Metz, pour se ravitailler en munitions, surtout, et en vivres.

Ce même jour, 18 août, arrivait au camp de Châlons, vers dix heures du soir, le commandant Magnan, porteur d'un rapport du maréchal Bazaine à l'Empereur, rapport rédigé le 16 août à onze heures du soir. Le maréchal y expliquait pour quelles raisons il s'était cru obligé de se replier sous Metz, et il le terminait par cette phrase: « Il est probable, selon les nouvelles que j'aurai de « la concentration des armées des princes, que je « me verrai obligé de prendre la route de Ver- « dun par le nord. » Si on rapproche cette phrase de la suivante, contenue dans la dépêche adressée à l'Empereur, le 17 août : « Je pense pouvoir me « remettre en marche après-demain, en prenant une direction plus au nord, de façon, etc... » on est étonné du ton de quiétude avec lequel le maréchal parle de reprendre son mouvement sur Verdun après quelques jours employés à réapprovisionner ses parcs et ses convois. Cette quiétude qui, je m'en souviens, frappa le maréchal de Mac-Mahon, était-elle feinte ou réelle? Je l'ignore; mais elle ne pouvait tromper un seul instant ceux qui, ayant médité sur les choses de la guerre, savent qu'une armée qui se laisse arrêter dans sa marche et acculer contre une place donne, par le fait même, la preuve la plus évidente de son infériorité sur l'ennemi, et qu'en outre une armée investie est une armée perdue, puisque, ayant été incapable de s'opposer à un investissement, elle ne saurait avoir la prétention de réussir dans une opération bien autrement difficile, celle de se frayer plus tard un passage. Les considérations que je produis ici n'ont d'autre but que de mieux faire comprendre la cause des perplexités du maréchal de Mac-Mahon et de l'état-major de l'armée de Châlons, à la réception des nouvelles envoyées par le maréchal Bazaine. Quel que fût le motif de la forme rassurante de ses dépêches, le maréchal, après tout, était arrêté dans sa marche, et les bons juges ne doutèrent plus que, voulût-il essayer maintenant de s'ouvrir la route de Verdun, il n'y réussirait pas.

La nouvelle des événements qui venaient de se passer sous Metz plaçait le maréchal de Mac-

Mahon dans une des situations les plus difficiles où se soit jamais trouvé un général en chef. Il se voyait, en effet, obligé de prendre une détermination dont pouvait dépendre le sort de la guerre, dans un moment où il avait à organiser une armée de plus de 100 mille hommes, qui n'était qu'une agglomération de troupes venues de toutes les directions, les unes démoralisées par la défaite, les autres débandées ou sans instruction. Et, qu'on veuille bien le remarquer, quand il lui aurait fallu quinze ou vingt jours pour organiser, tant bien que mal, ces forces insuffisantes et éparses, ou pour leur donner au moins quelque cohésion, il ne pouvait consacrer qu'un petit nombre de jours à une tâche si importante; car l'armée du prince royal de Prusse n'était plus qu'à quelques marches du camp de Châlons. J'ai été témoin des angoisses du maréchal de Mac-Mahon pendant cette journée et pendant les journées suivantes. Quelle décision allait-il prendre dans de si graves circonstances? Fallait-il avec une armée en partie démoralisée, réunie à la hâte, sans consistance, avec une armée qui n'avait pas même un seul équipage de pont, se porter à la rencontre du maréchal Bazaine pour l'aider à se dégager, ou bien valait-il mieux, en reconnaissant de suite que l'armée, par sa mauvaise constitution, ne pouvait marcher qu'à des défaites, se diriger sur Paris, dans le but de couvrir la capitale avant que le prince royal de Prusse n'y arrivât? D'un côté, le maréchal de Mac-Mahon, entrevoyant assez clairement que l'armée de Châlons était hors d'état d'entreprendre une campagne sérieuse, inclinait à se rapprocher de Paris ; mais il ne se dissimulait pas, d'un autre côté, que s'il prenait ce parti et que l'armée du Rhin vînt à essuyer un désastre, l'opinion publique, et peut-être la postérité, le rendraient responsable de ce désastre et de la ruine de la France. Il ne faut pas chercher ailleurs le secret des perplexités auxquelles était en proie le commandant en chef de l'armée de Châlons, perplexités que tout contribuait à rendre plus vives, aussi bien les instances du gouvernement siégeant à Paris, que le sentiment unanime de l'armée, qui demandaient qu'on n'abandonnât pas le maréchal Bazaine. Pour dominer une situation si grave, il faut à la tête d'une armée un homme au jugement sûr et au caractère fortement trempé. Le jugement lui fait discerner ce qu'il est possible d'entreprendre avec les moyens dont il dispose, et l'énergie du caractère, en l'élevant au-dessus des angoisses de la responsabilité, lui permet de faire prévaloir ses desseins, en dépit de tous les obstacles. Il eut fallu reconnaître que rien de sérieux ne pouvait être entrepris avec les troupes agglomérées au camp de

Châlons, et que leur demander de débloquer le maréchal Bazaine, — ce qu'on eût à peine osé exiger, dans ces circonstances, d'une armée aussi bien constituée que l'armée d'Austerlitz, — c'était vouloir l'impossible et les conduire à un échec certain : puis, ce fait une fois reconnu, il restait à se décider pour la seule solution possible, c'est-à-dire pour le mouvement sur Paris, malgré les obsessions du gouvernement et l'opinion de l'armée.

Le maréchal de Mac-Mahon ne se décidait pas, et il attendait qu'une dépêche du maréchal Bazaine ou la nouvelle de quelque événement arrivé sous Metz lui permît de s'affranchir plus ou moins de l'écrasante responsabilité qui pesait sur lui. Il faut s'être trouvé dans l'entourage de l'Empereur et du maréchal pour comprendre l'anxiété qui y régna dans ces longues journées. C'est vers cette époque que prit naissance l'épisode qui me concerne et dont on devait s'emparer, deux ans après, pour m'accuser d'un crime. On verra comment je fus conduit à m'occuper des communications del'armée de Châlons avec l'armée du Rhin ; car je dois faire remarquer que ce détail ne rentrait pas dans mon service, le maréchal de Mac-Mahon ne m'ayant jamais donné aucune instruction relative au maréchal Bazaine et à son armée et s'étant borné, je l'ai déjà dit, à m'enjoindre de le renseigner sur la composition et sur les mouvements des forces ennemies.

Lorsqu'on sut au camp de Châlons que le commandant en chef de l'armée du Rhin, arrêté dans sa marche sur Verdun à la suite des batailles des 14 et 16 août, s'était replié sous Metz, on craignit avec raison que les communications entre les deux armées ne fussent bientôt interrompues. Il était d'une telle importance de rester le plus longtemps possible en rapport avec le maréchal Bazaine que, dès le 18 août, divers moyens furent mis en œuvre, tant par le gouvernement que par l'état-major de l'armée de Châlons, pour se procurer des nouvelles. Des émissaires de toute condition, des douaniers, des gardes-forestiers et autres, furent expédiés, avec mission d'essayer de parvenir jusqu'à Metz. C'est alors que, partageant l'anxiété générale et poussé par le seul désir de voir employer tous les moyens de communiquer avec Metz, j'eus l'idée que des agents audacieux et intelligents, comme on en rencontre dans la police de Paris, pouvaient avoir chance de réussir là où d'autres personnes auraient échoué. Je soumis cette idée au maréchal de Mac-Mahon, qui l'approuva et qui m'autorisa à faire venir de Paris deux agents de la police de sûreté. J'adressai au préfet de police, au nom du maréchal, un télégramme dans lequel je lui demandai de vouloir bien mettre à ma disposition deux hommes intelligents, entreprenants, familiers avec la langue allemande, et le lendemain, 19 août, arrivaient au camp de Châlons les nommés Miès et Rabasse, inspecteurs de la police de sûreté générale. Après leur avoir donné quelques explications sommaires sur les positions occupées par l'armée allemande et par l'armée du Rhin, sur la rupture des communications et sur le désir extrême qu'avaient l'Empereur et le maréchal de Mac-Mahon de recevoir des nouvelles du maréchal Bazaine, je leur demandai s'ils consentiraient à essayer de pénétrer dans Metz et jusqu'auprès du maréchal. Je ne leur cachai pas qu'ils pouvaient avoir à risquer leur vie, et je leur promis une forte récompense au cas où ils réussiraient à envoyer ou à apporter au maréchal de Mac-Mahon des nouvelles positives du maréchal Bazaine (1).

(1) On a nié, et le nommé Miès lui-même a donné à entendre que je n'avais fait nulle promesse de récompense. Cette déclaration de Miès est d'autant plus singulière que lui, ou son camarade Rabasse, avait dit le contraire dans sa déposition ; car on lit dans le rapport : « Et le colonel Stoffel ne remit pas aux agents la récompense qu'il leur avait promise. » J'eusse été bien maladroit de ne pas faire espérer une récompense à des émissaires auxquels je confiais une mission périlleuse, et j'ai blâmé assez souvent les personnes qui ne rétribuent pas largement les services rendus. Voici un télégramme adressé par moi, le 27 août 1870, à Sedan, à M. Élizé de Montagnac, que j'avais prié de mettre en campagne le plus grand nombre d'émissaires possible, et qui m'avait demandé ce qu'il pouvait leur promettre.

« Toute somme demandée n'est rien : l'important est de réussir. Agis-« sez donc, et ne perdez pas de temps. »

Le Chesne, 27 août 1870.

Les nommés Miès et Rabasse ayant consenti à se charger de cette mission, je leur recommandai de me considérer comme le seul intermédiaire entre le maréchal de Mac-Mahon et eux, et de m'adresser, en conséquence, tous les renseignements qu'il leur serait possible de recueillir. Les deux inspecteurs de police partirent du camp de Châlons le 20 août dans la soirée.

Les journées du 19 et du 20 août se passèrent, malgré tous les moyens mis en œuvre, sans nouvelles de Metz. L'inquiétude était d'autant plus vive qu'à la date du 20 août les têtes de colonnes de l'armée du prince royal de Prusse ne se trouvaient plus qu'à quelques journées de marche du camp de Châlons. En effet, ce jour-là je reçus vers midi, du maire d'une localité située à quarante-quatre kilomètres du camp, un télégramme par lequel ce fonctionnaire m'annonçait qu'un détachement ennemi s'était présenté et avait exigé des vivres et du fourrage pour une avant-garde qui devait arriver dans l'après-midi. Je m'empressai de communiquer ce renseignement au maréchal de Mac-Mahon. Lui montrant, sur la carte dont je me servais pour le tenir au courant des mouvements de l'armée du prince royal, l'emplacement du lieu d'où me venait la nouvelle, je lui fis remarquer qu'il n'était pas éloigné de plus de quarante-quatre kilomètres, sans obstacle naturel interposé, et j'ajoutai qu'à mon avis, si quelques régiments de cavalerie ennemie venaient à faire irruption dans le camp, ils y produiraient infailliblement une panique générale. Le maréchal répartit avec vivacité: « Vous m'avez « déjà dit que ces bougres-là sont audacieux; un « parti de cavalerie pourrait, après une marche « de nuit, être ici après-demain: il faut que « nous partions demain. » J'ignore si le maréchal, qui avait songé dès le 18 août à prendre position entre Épernay et Reims, était déjà décidé, avant de connaître le renseignement que je lui communiquai, à décamper le lendemain; toujours est-il que le 21 août l'armée fut dirigée sur Reims, où elle s'établit.

La seule raison de ce mouvement fut, comme on voit, de faire quitter à l'armée le camp de Châlons, où elle se trouvait comme sur une table rase, sans appui, pour la porter près de la ligne de hauteurs qui sépare Reims d'Épernay, et qui eut présenté d'assez bonnes positions en cas d'attaque. L'armée prit ses campements aux environs de Reims dans l'après-midi du 21 août, et elle y séjourna jusqu'au 23 dans la matinée. Le commandant en chef, son état-major particulier et l'état-major général s'installèrent au château de Courcelles, à trois kilomètres de Reims. Sur les dix officiers composant l'état-major particulier, trois, moi compris, furent logés dans une maison isolée, appartenant à M. Verlé, et située à cinq ou six cents pas du château.

On fut sans nouvelles du maréchal Bazaine pendant toute cette journée du 21 août. Le maréchal de Mac-Mahon, surchargé de travail et en proie à une inquiétude croissante, se fortifiait dans l'idée de ramener l'armée sur Paris. Dans la soirée il se rendit chez l'Empereur avec M. Rouher. Il fit connaître les raisons qui l'engageaient à abandonner l'armée du Rhin à elle-même et à diriger celle de Châlons sur Paris. « J'exposai, « dit le maréchal dans sa déposition, que je ne « croyais pas l'armée de Châlons en état de se « compromettre au milieu de plusieurs armées « ennemies ; que l'armée opposée au maréchal « Bazaine, près de Metz, devait se composer « de plus de 200 mille hommes; qu'une armée « commandée par le prince de Saxe, estimée « à 80 mille hommes se portait dans la direc- « tion de Verdun; enfin, que le prince de Prusse « arrivait à Vitry à la tête de 150 mille hommes ; « qu'en me portant vers l'Est je pouvais éprouver « un désastre. L'armée de Bazaine pouvait être « battue; par suite, il était de la plus haute im- « portance de conserver à la France l'armée de « Châlons, qui avait encore assez de cadres pour « organiser une armée de 250 à 300 mille hommes.

« En terminant, je déclarai de la manière la plus « positive que si je ne recevais pas, le lendemain « 22, des instructions du maréchal Bazaine, je me « porterais sur Paris. » Ces raisons, données par le maréchal de Mac-Mahon, font honneur à son jugement. Toutefois, il est mal servi par ses souvenirs, quand il dit à la fin de sa déposition qu'il formula une réserve à son intention de revenir sur Paris. Le maréchal n'en fit aucune et la détermination de ramener l'armée sous les murs de la capitale était tellement absolue qu'à l'instant furent rédigés : 1° un décret qui nommait le maréchal de Mac-Mahon généralissime de l'armée intérieure de Paris, comme de celle qui allait arriver sous ses murs; 2° une proclamation du maréchal aux troupes ; 3° une lettre de l'Empereur à ses soldats; 4° des instructions relatives à la défense de Paris.

La réserve ou la déclaration dont il s'agit, en supposant que le maréchal l'eût faite, ne prouverait qu'une chose : son désir de retarder le plus longtemps possible le moment de prendre un parti, car il devait savoir que le commandant en chef de l'armée du Rhin ne lui enverrait aucune instruction. Ce dernier ne lui avait-il pas écrit, en effet, le 18 août, à midi : « *C'est « au ministre à vous donner des ordres, vos*

« *opérations étant tout à fait en dehors de ma* « *zone d'action, et je craindrais de vous donner* « *une fausse direction* »? (Voir page 11, la dépêche du maréchal Bazaine.) Comment pouvoir supposer que le commandant en chef de l'armée du Rhin, qui venait d'écrire deux jours auparavant une dépêche si nette, enverrait des instructions, lui qui, privé de nouvelles depuis ce moment, ignorait toutes choses sur l'armée de Châlons, sa force, sa composition, son état moral et jusqu'au lieu où elle se trouvait?

Cependant, le 22 août, dans la matinée, le maréchal de Mac-Mahon fit rédiger les ordres de mouvement sur Paris. Ils venaient d'être envoyés lorsque l'Empereur reçut, à neuf heures et demie du matin, une dépêche du maréchal Bazaine. C'était le rapport que le commandant en chef de l'armée du Rhin avait écrit le 19 août, le lendemain de la bataille de Saint-Privat, et qu'il avait expédié le 20, à trois heures de l'après-midi. Il était ainsi conçu :

« L'armée s'est battue hier toute la journée sur « les positions de Saint-Privat-la-Montagne à « Rozerieulles et les a conservées. Les 4e et « 6e corps ont fait, vers neuf heures du soir, un « changement de front, l'aile droite en arrière, « pour parer à un mouvement tournant par la « droite que des masses ennemies tentaient

« d'opérer à l'aide de l'obscurité. Ce matin j'ai « fait descendre de leurs positions les 2e et « 3e corps, et l'armée est de nouveau groupée « sur la rive gauche de la Moselle, de Longue- « ville à Sansonnet, formant une ligne courbe, « passant derrière les forts de Saint-Quentin et « de Plappeville. Les troupes sont fatiguées de « ces combats incessants, qui ne leur permettent « pas les soins matériels, et il est indispensable « de les laisser reposer deux ou trois jours. Le roi « de Prusse était ce matin à Rezonville avec M. de « Moltke, et tout indique que l'armée prussienne « va tâter la place de Metz. Je compte toujours « prendre la direction du nord et me rabattre en- « suite, par Montmédy, sur la route de Sainte- « Menehould à Châlons, si elle n'est pas fortement « occupée ; dans le cas contraire, je continuerai « sur Sedan et même Mézières pour gagner Châ- « lons. Il y a dans la place de Metz 700 prison- « niers qui deviendraient un embarras pour la « place en cas de siége ; je vais proposer un « échange à M. le général de Moltke, pour pareil « nombre d'officiers et soldats français. »

Le maréchal de Mac-Mahon reçut immédiatement, à dix heures, communication de ce rapport par l'Empereur et, revenant sur la décision qu'il avait prise, celle de porter l'armée sur Paris, il donna des ordres pour partir le lendemain dans la direction de l'est. Ce changement de détermination subit ne cessera pas d'être un sujet de profond étonnement pour tous ceux qui étudieront la guerre de 1870. Ils se demanderont en vain comment le rapport du maréchal Bazaine a pu le provoquer. Les raisons qu'avait données le maréchal de Mac-Mahon, chez l'Empereur, le 21 août au soir, pour expliquer la nécessité du mouvement sur Paris, cessaient-elles d'être vraies le 22, au moment où arrivait à Courcelles le rapport du maréchal Bazaine, et ce rapport renfermait-il quoi que ce soit qui pût engager le commandant en chef de l'armée de Châlons à revenir sur sa décision du matin? « Je ne crois pas, avait-il dit le 21, l'armée en état de se compromettre au milieu de plusieurs armées ennemies. » Cette raison si juste et si grave, qui aurait dû suffire à faire renoncer, dès l'origine, à l'idée de secourir le maréchal Bazaine, n'était-elle donc plus valable le lendemain? Loin de cesser de l'être, elle acquerait, au contraire, plus de force depuis qu'on connaissait par le rapport du maréchal Bazaine la situation critique de l'armée de Metz; car l'ascendant pris par les armées ennemies n'en devenait que plus évident et, dès lors, il était plus dangereux de porter l'armée de Châlons au milieu d'elles. Et cependant, le maréchal de Mac-Mahon changeait brusquement de détermination à la réception du rapport venu de Metz et, contremandant les ordres de mouvement sur Paris, il en donnait de nouveaux, destinés à porter l'armée vers l'est!

Une heure après l'arrivée du rapport du maréchal Bazaine, le maréchal de Mac-Mahon instruisait de son projet le ministre de la guerre en lui adressant le télégramme suivant :

« Le maréchal Bazaine a écrit du 19 qu'il comptait « toujours opérer son mouvement de retraite par Montmédy. Par suite, je vais prendre mes dispositions pour « me porter sur l'Aisne. »

Cependant il arrivait à Courcelles, dans l'après-midi de cette même journée du 22 août, trois autres dépêches (1) du maréchal Bazaine : l'une destinée à l'Empereur, l'autre au ministre de la guerre, la troisième au maréchal de Mac-Mahon, et que le commandant en chef de l'armée du Rhin avait remises toutes les trois à un émissaire, le 20 août, vers huit heures du soir, c'est-à-dire quelques heures après le moment où était parti de Metz le rapport de la bataille du 18. Voici ces trois dépêches, qui étaient chiffrées.

(1) Ou deux au moins, comme on verra plus tard.

Le maréchal Bazaine à l'Empereur.

Metz, 20 août, 8 heures du soir.

« Mes troupes occupent toujours les mêmes positions. « L'ennemi paraît établir des batteries, qui doivent ser- « vir à appuyer son investissement ; il reçoit constam- « ment des renforts. Le général Marguenat a été tué « le 16 ; nous avons dans la place plus de 16 mille « blessés. »

Le maréchal Bazaine au ministre de la Guerre, à Paris.

Metz. . . . .

« Nous sommes sous Metz, nous ravitaillant en vivres « et en munitions. L'ennemi grossit toujours et paraît « commencer à nous investir. J'écris à l'Empereur, qui « vous donnera communication de ma lettre. J'ai reçu « dépêche du maréchal de Mac-Mahon, auquel j'ai ré- « pondu ce que je compte pouvoir faire sous quelques « jours. »

Le maréchal Bazaine au maréchal de Mac-Mahon.

Metz, 20 août.

« J'ai dû prendre position près de Metz pour donner du « repos aux soldats et les ravitailler en vivres et en muni- « tions. L'ennemi grossit toujours autour de moi et je « suivrai très-probablement, pour vous rejoindre, la ligne « des places du nord, et vous préviendrai de ma marche, « si toutefois je puis l'entreprendre sans compromettre « l'armée. »

La dépêche adressée à l'Empereur parvint à destination dans l'après-midi du 22 août. Le maréchal de Mac-Mahon en eut-il connaissance? Interrogé à ce sujet, il a répondu : « Je me rappelle que l'Empereur m'a fait connaître que le général Marguenat avait été tué; mais je ne pense pas qu'il m'ait communiqué la dépêche entière. » Cette réponse n'affirme rien, et on conçoit aisément que la dépêche dont il s'agit, arrivant à Courcelles quelques heures après le rapport du 19 août, sur la bataille de Saint-Privat, n'ait pas frappé le maréchal de Mac-Mahon de façon qu'il dût se la rappeler deux ans après. Mais tous ceux qui savent tenir compte des défaillances de mémoire auxquelles tout le monde est sujet, tous ceux qui connaissent la loyauté de l'Empereur, tous ceux enfin qui ont été témoins du rôle effacé auquel le souverain s'était résigné depuis le 13 août, seront convaincus que la dépêche a été communiquée. On a prétendu que l'Empereur transmettait ou retenait, selon son bon plaisir, les dépêches qu'il recevait; cela ne peut même pas s'appeler une calomnie; c'est simplement une niaiserie, produit de l'ignorance, de la mauvaise foi ou de l'esprit de parti.

Quant à la seconde des trois dépêches reproduites ci-dessus, j'ignore si le ministre de la guerre, à qui elle était adressée, l'envoya en communication à l'Empereur, et je ne peux pas affirmer, par conséquent, que le maréchal de Mac-Mahon en ait eu connaissance. Elle n'a d'ailleurs qu'une importance relative.

La troisième des dépêches mentionnées plus haut était destinée au maréchal de Mac-Mahon. C'est celle que j'ai été accusé d'avoir interceptée, pour qu'elle ne parvînt pas à la connaissance du commandant en chef de l'armée de Châlons. Voici dans quelles circonstances cette dépêche arriva à Courcelles, à mon adresse et non pas à celle du maréchal, le 22 août, dans l'après-midi,

Le lecteur se rappelle sans doute que, le 19 août, j'avais, autorisé par le maréchal de Mac-Mahon, confié à deux inspecteurs de la police de sûreté, les nommés Miès et Rabasse, une mission d'après laquelle ils devaient essayer d'arriver à Metz et me faire parvenir ou m'apporter des nouvelles du maréchal Bazaine. Ces agents s'étaient dirigés par les voies ferrées sur Reims, Mézières, Carignan, Montmédy et Longuyon. Arrivés dans cette dernière ville, et à la seule nouvelle que les Prussiens n'étaient pas loin, ils avaient craint d'être pris par l'ennemi et, sans même vérifier l'exactitude des bruits qui circulaient, sans rien tenter ni risquer, ils avaient jugé prudent de s'écarter de la direction de Metz et de se rendre à Longwy. S'y trouvant le 22 août dans l'après-midi, ils apprirent qu'un émissaire, envoyé du côté de Metz par le commandant de place deux jours auparavant, était de retour à Longwy. Ils se rendirent chez cet officier supérieur, le colonel Massaroli, qui venait effectivement de recevoir les trois dépêches que le maréchal Bazaine avait fait partir le 20 août. Le colonel Massaroli allait, comme c'était son devoir, expédier lui-même à destination ces trois dépêches, lorsqu'il eut la malencontreuse idée de les remettre aux nommés Miès et Rabasse, qu'il voyait pour la première fois. Ces agents, dès qu'ils furent en possession des dépêches originales du maréchal Bazaine, se transportèrent au bureau du télégraphe et, se conformant à la recommandation que je leur avais faite, celle de n'adresser qu'à moi les renseignements qu'il recueilleraient, ils firent expédier à Reims, à mon adresse, la dépêche destinée au maréchal de Mac-Mahon. Elle était chiffrée, et l'employé du télégraphe, après l'avoir écrite sous la dictée de Miès, me la transmit sous la forme suivante, où elle se trouve, comme on peut voir, enchâssée dans un préambule et un post-scriptum, tous les deux en clair, qui m'étaient destinés spécialement. (1)

(1) Les mots imprimés en italiques étaient chiffrés et représentaient la dépêche du maréchal Bazaine.

Les inspecteurs délégués de l'état-major au colonel Stoffel, attaché près S. Exc. le maréchal de Mac-Mahon, Reims.

Longwy, 22 août 1870, 4 heures 50 du soir.

« Inspecteurs délégués font connaître que le maréchal
« Bazaine adresse à S. Exc. le maréchal de Mac-Mahon :

« *J'ai dû prendre position près de Metz pour donner*
« *du repos aux soldats et les ravitailler en vivres et en*
« *munitions. L'ennemi grossit toujours autour de moi ;*
« *je suivrai très-probablement, pour vous rejoindre, la*
« *ligne des places du nord et vous préviendrai de ma*
« *marche, si je puis toutefois l'entreprendre sans com-*
« *promettre l'armée.* »

Signé :

Le commandant de place de Thionville,

TURNIER.

« Nous sommes possesseurs de l'original.

« Dépêches envoyées en même temps à l'Empereur par
« le colonel Massaroli, commandant la place de Longwy,
« qui fait connaître les positions qu'occupe le maréchal
« Bazaine.

« Faut-il rentrer ? Réponse de suite. »

RABASSE ET MIÈS.

Cette dépêche que m'adressaient les inspecteurs de police arriva à Reims directement, c'est-à-dire sans passer par Paris, à six heures cinquante minutes du soir. Elle fut expédiée de Reims à Courcelles et portée au château qu'occupaient le maréchal de Mac-Mahon et les deux états-majors. J'étais à ce moment-là chez moi, dans la maison de M. Verlé, où on m'avait logé, et, comme on pouvait craindre à l'état-major particulier du maréchal que je n'y parusse pas de quelque temps, on ouvrit la dépêche et on la déchiffra. L'heure du dîner approchait : je me rendis à la demeure du maréchal, où les officiers de l'état-major particulier prenaient leurs repas en commun, sans me douter qu'il venait d'y arriver, à mon adresse, une dépêche des inspecteurs de police. J'étais à peine entré que des officiers présents m'en donnèrent la nouvelle, en ajoutant que la dépêche en contenait une du maréchal Bazaine au maréchal de Mac-Mahon. Je demandai aussitôt (il m'est impossible de me rappeler aujourd'hui à quel officier ou à quels officiers je m'adressai) si la dépêche avait été déchiffrée et communiquée au maréchal. Il me fut répondu affirmativement et je trouvai, en effet, sur ma table de travail, une traduction complète de la dépêche. Le maréchal Bazaine n'y disait rien de plus que dans les dépêches reçues antérieurement, si ce n'est qu'il préviendrait de sa marche, au cas toutefois où il pourrait l'entreprendre sans compromettre l'armée. Ce n'était là qu'un simple avis, qu'il est presque permis de qualifier d'oiseux ; car il allait de soi que le maréchal Bazaine n'entreprendrait pas une opération aussi importante que celle de se mettre en marche avec une armée de 120 mille hommes sans en prévenir le commandant en chef de l'armée de Châlons, son subordonné. Aussi la dépêche ne frappa-t-elle ni le maréchal de Mac-Mahon, ni son chef d'état-major, ni aucun des officiers qui en eurent connaissance. Le maréchal ne songea pas un seul instant à modifier ses projets, ni à revenir sur les ordres déjà donnés, en vertu desquels l'armée devait se transporter le lendemain à Bétheniville (1).

J'avais, en ce qui me concerne, à répondre aux inspecteurs de police Miès et Rabasse, qui me demandaient à la fin de leur dépêche s'ils devaient rentrer à l'armée. Je n'hésitai pas à leur donner l'ordre de rejoindre le quartier général; car il était évident pour moi qu'ils ne réussiraient plus à arriver jusqu'au maréchal Bazaine. Leur dépêche m'ayant fait connaître qu'ils se trouvaient à Longwy, j'adressai le soir même au colonel Massaroli le télégramme suivant, que j'écrivis au nom du maréchal de Mac-Mahon, ce à quoi j'étais autorisé une fois pour toutes :

Le maréchal de Mac-Mahon au commandant de place de Longwy.

« Prière de dire aux deux inspecteurs télégraphiques

(1) J'ai cru devoir traiter plus loin la question du degré d'importance de la dépêche du 20 août.

« de l'état-major de rejoindre le quartier général, qui sera « demain à Bétheniville-sur-la-Suippe. »

Je donnai ce télégramme à un planton de l'état-major, en lui prescrivant de le porter au bureau télégraphique de Reims. Expédié de Reims à neuf heures trente minutes du soir, il fut remis dans la nuit au colonel Massaroli, qui le fit communiquer aux nommés Miès et Rabasse. Ces deux hommes avaient eu la singulière idée de conserver par devers eux les trois dépêches originales du maréchal Bazaine, au lieu de les rendre au colonel Massaroli, qui les leur avait confiées pour qu'ils les fissent expédier télégraphiquement à destination. Obligés maintenant, d'après mon ordre, à rejoindre le quartier général, ils craignirent de tomber, porteurs de ces dépêches, dans les mains de l'ennemi. Il leur eût été cependant bien facile de revenir, en se dirigeant de Longwy sur Reims, puisque les communications étaient libres; mais ces hommes qui, pleins de bonne volonté, d'ailleurs, manquaient de l'audace nécessaire pour accomplir la tâche que je leur avais assignée, se créaient des fantômes et voyaient l'ennemi partout où il n'était pas. Ils jugèrent prudent de passer par la Belgique, revinrent jusqu'à Paris, et ne rejoignirent le quartier général qu'à Rethel, dans la nuit du 24 au 25 août. Le colonel Massaroli m'instruisit d'une partie de ces détails par deux télégrammes qu'il adressa, non pas à moi, mais au maréchal de Mac-Mahon. Il expédia le premier à quatre heures du matin, en réponse à la dépêche que je lui avais adressée la veille :

Le commandant de place de Longwy au maréchal de Mac-Mahon.

« Vos deux inspecteurs telégraphiques sont partis, hier « soir, pour rejoindre le quartier général, porteurs de « quatre dépêches du maréchal Bazaine (1), dont trois « chiffrées, que M. Guyard, commissaire cantonal ici, « a pu avoir en pénétrant au camp de Bazaine. Je le re« commande à la bienveillance de Votre Excellence. »

Puis, ayant appris que les deux inspecteurs de police s'étaient dirigés sur la Belgique, par peur de l'ennemi, le colonel Massaroli envoya cet autre télégramme :

Le commandant de place de Longwy au maréchal de Mac-Mahon.

« J'apprends à l'instant que vos deux inspecteurs télé« graphiques ont été obligés de passer par Arlon, Namur « et Givet, porteurs de quatre dépêches du maréchal « Bazaine, que je leur ai remises. Je regrette ce retard à « cause de l'importance de ces dépêches. »

(1) Le colonel Massaroli se trompe sur le nombre de dépêches. Les inspecteurs de police n'étaient porteurs que de *trois* dépêches du maréchal Bazaine et d'une lettre du général Coffinières.

Ces deux télégrammes du colonel Massaroli arrivèrent à l'état-major du maréchal de Mac-Mahon à Bétheniville, le 23 août. Comme ils étaient à l'adresse du maréchal, ce n'est pas moi qui les décachetai, ni qui en pris connaissance le premier. Il était indifférent pour moi que les inspecteurs de police revinssent un jour plutôt qu'un autre; car je n'attachais aucune importance à les savoir porteurs des originaux des dépêches du maréchal Bazaine, puisque ces dépêches étaient arrivées télégraphiquement à destination le 22 août. Aussi avais-je quelque peine à m'expliquer le motif du regret qu'exprimait le colonel Massaroli dans son second télégramme. Quel intérêt pouvait-il y avoir à ce que les nommés Miès et Rabasse apportassent à l'état-major de l'armée les originaux de dépêches, qui étaient toutes parvenues à destination le 22 août, envoyées par le bureau télégraphique de Longwy? Je dus en conclure que le colonel Massaroli ignorait encore, lorsqu'il rédigea ses télégrammes, que les dépêches du maréchal Bazaine eussent déjà été expédiées. Si, de mon côté, je faisais revenir les inspecteurs de police ce n'était nullement à cause des dépêches dont ils étaient porteurs; je les rappelais parce qu'il était évident qu'ils ne réussiraient plus à accomplir leur mission, qui était de pénétrer dans Metz, et que je désirais régler avec eux les dépenses auxquelles ils avaient été obligés pendant leur voyage.

Je pourrais terminer ici le récit des faits qui se rapportent à la réception de la dépêche du 20 août; cependant le retour des nommés Miès et Rabasse ayant donné lieu à un incident qui a pris une certaine importance au procès du maréchal Bazaine et qui est resté inexpliqué, je crois nécessaire d'en dire quelques mots.

Les deux inspecteurs de police, après avoir exécuté le long trajet par la Belgique et par Paris, arrivèrent dans la nuit du 24 au 25 août (1) à Rethel, où se trouvait le quartier général, et ils se rendirent, avec l'espoir de m'y rencontrer, à la maison qu'occupait le maréchal de Mac-Mahon. La porte leur fut ouverte par une servante, à qui Rabasse fit savoir que lui et son camarade étaient porteurs de dépêches. Comme je ne logeais pas dans la maison, la servante leur offrit de les conduire au premier étage chez l'officier de service, M. Marescalchi, lieutenant de la garde nationale mobile, attaché à l'état-major particulier. Cet officier, suivi des deux inspecteurs de police, alla réveiller le colonel d'Abzac, aide de camp du ma-

(1) Et non pas, comme le dit le rapport sur l'affaire du maréchal Bazaine, dans la nuit du 25 au 26 août. J'ai déjà eu occasion de faire remarquer que ce rapport fourmille d'erreurs, aussi bien dans les détails que dans l'exposé des faits importants.

réchal. Le colonel d'Abzac sortit de sa chambre, reçut les dépêches de la main de Rabasse, en prit connaissance et les rendit à Miès en disant : « Il y a deux jours que nous connaissons cela ; c'est ce que vous avez télégraphié ; attendez qu'il fasse jour, vous remettrez vos dépêches au colonel Stoffel. » Dans la matinée, m'étant rendu chez le maréchal, j'appris que les inspecteurs de police étaient arrivés pendant la nuit et je les fis appeler : « Vous voilà, leur dis-je, vous n'avez rien de nouveau ? » — « Nous avons les originaux des dépêches que nous vous avons transmises, répondit Miès, et en même temps Rabasse me les présenta. Je les pris, les examinai et, reconnaissant que c'étaient bien les originaux des dépêches arrivées à Courcelles le 22 août, je les mis de côté, sans y songer davantage. Je congédiai les agents, après leur avoir fait connaître que je verrais le maréchal dans la journée, et que je prendrais ses ordres à leur égard.

Le même jour, je me rencontrai avec le colonel d'Abzac, qui me dit, dès qu'il m'aperçut : « Vos agents sont venus me réveiller cette « nuit pour me remettre des dépêches ; ils m'ont « empêché de dormir. »

Les inspecteurs de police Miès et Rabasse avaient été mis à mon entière disposition par le préfet de police et par le maréchal de Mac-Mahon : j'étais donc libre de les renvoyer à Paris ou de les garder au quartier général, pour le cas où je trouverais à utiliser leurs services. Au bout de quelques jours, voyant qu'il ne s'offrait nulle occasion de les employer, je les fis partir pour Paris, où ils reprirent leurs fonctions à la préfecture de police.

COMMENT S'EST PRODUITE

L'ACCUSATION PORTÉE CONTRE MOI

Ce qui précède est le récit véridique des faits. Je vais maintenant expliquer comment ces faits si simples ont pu être interprétés, deux ans après, de façon à donner lieu à une incroyable accusation portée contre moi.

Le 12 avril 1872, un conseil d'enquête, institué pour examiner les capitulations consenties avec l'ennemi pendant la guerre de 1870, libella un avis motivé, qui rendait le maréchal Bazaine responsable des revers de l'armée de Châlons, de la perte de l'armée du Rhin et de la place de Metz. A la suite de cet avis, le gouvernement ordonna, le 7 mai 1872, d'informer contre le maréchal Bazaine. M. Thiers était chef du gouvernement, le général de Cissey, ministre de la guerre. Le choix du rapporteur avait une grande importance. On désigna comme tel M. Séré de Rivières, général de brigade du génie, qui, n'ayant jamais figuré dans les parquets militaires, manquait de l'expérience nécessaire en matière de procédure. Il avait été promu à son grade par M. Gambetta, sur la recommandation de M. Challemel-Lacour. La tâche dont il était chargé l'obligeait à interroger un très-grand nombre de témoins. Je ne fus pas médiocrement surpris de recevoir une assignation à comparaître devant le rapporteur le 28 août 1872, et je me demandai quel pouvait être le motif de cette assignation, puisque je n'avais pas fait la guerre dans l'armée de Metz et que je n'avais vu le maréchal Bazaine qu'une fois dans ma vie. L'interrogatoire que j'eus à subir est certainement un des plus singuliers qui se puissent concevoir. La déposition écrite, qui figure au dossier, n'en reproduit ni les termes, ni surtout le caractère et la physionomie, et en voici la raison : le rapporteur commença par me poser un grand nombre de questions sans que le greffier présent consignât ni questions, ni réponses, et la déposition ne fut rédigée qu'après, comme un résumé de ce long interrogatoire préliminaire.

Le rapporteur, après m'avoir interrogé sur les débuts de ma carrière, me conduisit jusqu'à l'époque où j'entrai dans la maison de l'Empereur, et il m'adressa des questions aussi étranges que celles-ci : « Connaissiez-vous l'Empereur avant d'être son officier d'ordonnance? — Vous avez collaboré avec l'Empereur à son ouvrage de l'*Histoire de Jules-César?* — Quel était votre degré d'intimité avec l'Empereur? » Je répondis à ces dernières paroles qu'il ne saurait être question d'intimité entre un souverain et ses sujets. Le rapporteur m'interrogea ensuite sur les circonstances de mon arrivée au camp de Châlons et me dit : « Avez-vous souvent vu l'Empereur pendant son séjour au camp? — Vous rappelez-vous avoir eu avec l'Empereur des *conciliabules?* » Et comme, à un tel mot, je le regardai avec étonnement : « Je veux dire des entretiens particuliers, reprit-il aussitôt, comme si la langue lui avait fourché, des entretiens où vous ayez traité d'affaires graves, soit politiques, soit militaires? » Je demandai à ce qu'il me fût permis de rassembler mes souvenirs, et je répondis que je ne me rappelais pas avoir eu aucun entretien particulier avec l'Empereur. Puis, le rapporteur me questionna longuement sur mes fonctions à l'état-major du maréchal de Mac-Mahon, et sur les faits qui se rattachent à la mission dont j'avais chargé les inspecteurs de police Miès et Rabasse. Je ne devinais pas encore quel pouvait être le but de ce singulier interrogatoire, lorsque le rapporteur arriva à me demander si ces deux hommes ne m'avaient pas envoyé de dépêches pendant leur mission. J'étais loin de penser en ce moment, deux ans après les formidables événements auxquels j'ai assisté, à la dépêche que Miès et Rabasse m'avaient expédiée à Reims le 22 août 1870, dépêche qui ne m'avait pas été remise directement, que je n'avais pas déchiffrée, et qui avait passé presque inaperçue. Voyant que je faisais des efforts de mémoire (1), le rapporteur ajouta : « Il s'agit d'une dépêche du maréchal Bazaine, qui vous aurait été adressée à vous directement. » Je répondis que je ne me souvenais pas d'avoir reçu aucune dépêche du maréchal Bazaine, et le rapporteur me montra alors une ampliation de la dépêche du 20 août, en me faisant remarquer qu'elle portait l'indication : « Reçu de Longwy, le 22 (heure non indiquée) ; Reims, fait et adressé au colonel Stoffel, » et que ces mots signifiaient, selon lui, que la dépêche était arrivée à Reims et m'avait été expédiée (2).

(1) C'est à ce propos que M. Séré de Rivières écrit dans son rapport : « Interrogé sur ce point, le colonel Stoffel s'est rejeté d'abord sur un défaut de mémoire ; puis il a contesté la possibilité d'un pareil incident. Pressé de plus en plus, il a nié, mais d'une manière très-embarrassée. » Le rapporteur ne saurait passer pour un physionomiste, car s'il en était un, il aurait lu sur mes traits, non l'expression d'un embarras quelconque, mais celle de la plus profonde surprise, due aux questions étranges qui m'étaient faites.

(2) L'ampliation de la dépêche que me présenta le rapporteur n'arriva à Reims qu'à neuf heures et demie du soir. L'employé du télégraphe, sachant qu'une première expédition m'avait déjà été envoyée à six heures cinquante minutes, ne me fit pas parvenir la seconde. Il écrivit au bas les mots « Reims, fait et adressé au colonel Stoffel, » pour indiquer qu'une première expédition de la dépêche m'avait déjà été adressée. Le rapporteur n'a jamais connu la première expédition de la dépêche, et il

Je me rappelais vaguement que cette dépêche était parvenue à Courcelles; mais il m'eût été impossible, vu la confusion de mes souvenirs, de préciser ni l'heure, ni le jour de son arrivée. « Veuillez réfléchir, ajouta le rapporteur, car il s'agit, je dois vous le dire, d'une chose très-grave. » J'eus peine à cacher mon étonnement, et je me bornai à répondre que je n'avais pas pu recevoir la dépêche qui m'était présentée, parce qu'elle portait comme heure d'arrivée à Reims neuf heures et demie, et qu'il n'en avait été remis aucune chez le maréchal dans la soirée du 22 août. Le rapporteur me demanda si d'autres personnes l'avaient reçue, ou si j'en avais eu connaissance d'une façon quelconque; mais tel était le vague de mes souvenirs, qu'il me fut impossible de répondre d'une manière explicite. Comme j'étais sûr de n'avoir jamais déchiffré une seule dépêche de toute la campagne, je déclarai ne pas avoir reçu celle du maréchal Bazaine. Le rapporteur en parut surpris et me dit : « Il est bien étonnant que vous n'ayez pas reçu cette dépêche, car le maréchal de Mac-Mahon, que j'ai interrogé, déclare qu'il ne l'a pas reçue non plus. »

Lorsque ma déposition fut terminée, le rappor-

n'a fait aucune recherche pour en retrouver la trace. Aussi n'a-t-il jamais su qu'elle était arrivée à Reims à six heures cinquante minutes.

teur en fit un résumé, qu'il dicta au greffier et que je signai. Je m'étais levé pour me retirer, lorsqu'il me dit, sur le ton de la causerie : « Avant de vous avoir interrogé, je croyais que vous aviez supprimé la dépêche du maréchal Bazaine de connivence avec l'Empereur ; mais je crois ce que vous m'avez dit et j'en reviens à ma première opinion : c'est l'Empereur qui a reçu la dépêche, bien qu'elle vous fût adressée, et c'est lui qui l'a retenue. » En entendant formuler une pareille supposition, j'eus peine à croire que je me trouvais devant un magistrat, officier général français. Je me bornai à défendre l'Empereur, en quelques mots, de l'odieux soupçon dont il était l'objet, et je me retirai. En tout cas, je venais d'apprendre, de la bouche même du rapporteur, le secret de l'étrange interrogatoire auquel il m'avait soumis. Comme il arrive, en général, aux hommes prévenus, ou à ceux qui ignorent que les choses de la vie se passent d'ordinaire plus simplement qu'on ne pense, le rapporteur avait cru, à la suite de la déposition du maréchal de Mac-Mahon, découvrir toute une intrigue au sujet de la dépêche du maréchal Bazaine ; au lieu de voir les choses simplement, il s'était *fait un tableau* et, à partir de ce moment, il fut entraîné à trouver un coupable.

A dire vrai, je ne m'étais pas ému le moins du

monde à la suite de mon interrogatoire. Bien que j'eusse appris, par le rapporteur lui-même, qu'il m'avait soupçonné de soustraction de dépêches, j'avais pour moi le sentiment de mon innocence, qui suffisait à me tranquilliser. Je me disais que le rapporteur réussirait sans aucun doute à découvrir la vérité et je dois ajouter que je m'attendais à être assigné de nouveau d'un jour à l'autre, ce qui m'eût permis de fournir des indications plus précises. Il n'en fut rien. Les mois s'écoulèrent sans que je me doutasse de l'orage qui allait fondre sur moi.

Je croyais avoir une expérience assez complète de la vie pour ne plus m'étonner de rien : je me trompais. Qu'arriva-t-il en effet? Le 28 août 1872, ma déposition terminée, le rapporteur m'avait congédié sur les paroles suivantes : « Je crois tout ce que vous venez de me dire et j'en reviens à ma première opinion : c'est l'Empereur qui a reçu la dépêche et qui l'a supprimée », et quelques temps après, ce même rapporteur dressait contre moi, sans m'avoir interrogé de nouveau, tout un acte d'accusation, basé sur les appréciations et sur les faits les plus erronés. Le 7 octobre 1873, en effet, un an environ après mon seul et unique interrogatoire, j'apprenais, par la lecture du rapport sur l'affaire du maréchal Bazaine, faite devant le 1er conseil de guerre de la

1re division militaire, séant à Trianon, que j'étais accusé d'avoir soustrait, à trois reprises différentes, une dépêche adressée par le commandant en chef de l'armée du Rhin au maréchal de Mac-Mahon, d'avoir manqué à tous mes devoirs et d'avoir forfait à l'honneur. Et, qu'on veuille bien le remarquer, cette grave accusation n'était pas exprimée sous forme de présomption, mais bien de la façon la plus affirmative ; car on lit dans le rapport : « La dépêche a donc été arrêtée au moins « deux fois par le colonel Stoffel, le 22 quand « elle lui arriva par le télégraphe ; et le 25, « lorsque les agents lui en ont remis en mains « propres l'original. Nous disons au moins deux « fois, car l'expédition remise au jeune de Bazelaire n'est pas parvenue davantage, et a dû également être interceptée par le colonel Stoffel. « L'ensemble si accablant des preuves ne laisse « aucun doute sur ce point. Le colonel Stoffel a « intercepté la dépêche adressée au maréchal. « Maintenant est-il admissible qu'il ait osé prendre sur lui un pareil détournement ? On ne « saurait s'arrêter un moment à cette pensée. « Évidemment, il a dû recevoir des ordres à cet « effet. De qui les tenait-il ? Qui pourrait le dire ? « Quoi qu'il en soit, en s'associant à une manœuvre destinée à tromper son propre chef, auquel « il devait plus que personne la vérité, et comme

« officier de son état-major particulier et comme « chargé du service des renseignements, le co- « lonel Stoffel a commis un acte inouï. »

Je restai stupéfait à la lecture d'un acte d'accusation présenté avec une si étonnante assurance. Comment! le rapporteur m'avait affirmé qu'il croyait à ma déposition, dans laquelle je disais n'avoir ni reçu, ni déchiffré la dépêche destinée au maréchal de Mac-Mahon, et quelque temps après, sans m'avoir assigné de nouveau, sans m'avoir interrogé une seconde fois, il m'accusait affirmativement et solennellement de soustraction de dépêches et de forfaiture! Que s'était-il donc passé depuis le jour de ma déposition? Évidemment le rapporteur avait questionné d'autres personnes, évidemment il s'était élevé dans son esprit des doutes sur ma véracité, des soupçons sur ma conduite. Mais qui donc l'empêchait de me faire comparaître de nouveau? Qui donc lui défendait de m'interroger une seconde fois, dix fois, vingt fois, comme c'était son droit et son devoir, pour arriver à découvrir la vérité? Je le demande à quiconque a conservé au fond du cœur le moindre sentiment de justice : comment qualifier de tels procédés, et ne suis-je pas en droit de m'étonner qu'on ait fait si bon marché de ma réputation et de mon honneur?

Bien plus : je demanderai pourquoi le rapporteur Séré de Rivières, puisqu'il était certain de ma culpabilité, ne me faisait pas arrêter. Comment! un magistrat chargé d'un mandat arrivait, après une enquête, à des conclusions qui me désignaient affirmativement comme ayant commis un acte qualifié de crime par le Code, et ce magistrat ne me faisait pas arrêter aussitôt, en demandant que je fusse traduit devant un conseil de guerre! Singulier exemple d'inconséquence et de défaut de logique! Et, comme une inconséquence en entraîne toujours d'autres à sa suite, qu'allait-il en résulter? C'est que moi, colonel de l'armée accusé d'un crime, moi qui aurait dû être arrêté, j'allais comparaître, *comme témoin*, dans l'affaire du maréchal Bazaine, devant le 1er conseil de guerre de la 1re division militaire, que le président de ce conseil allait me faire prêter serment, et qu'on serait censé croire à mes déclarations, lorsque quelque temps auparavant un magistrat n'avait pas cru à ma déposition. De pareils faits ne se produisent que dans notre malheureux pays, d'où tout bon sens paraît banni. Et non-seulement ils s'y produisent, mais encore ils ne surprennent et ne choquent personne. Un jurisconsulte anglais, homme d'un jugement droit et sûr, me disait à cette époque : « Rien ne se passe en France comme ailleurs : vous êtes accusé d'un crime et vous allez comparaître, malgré cela, comme témoin devant un conseil de guerre. Cela ne se ferait pas en Angleterre; là, vous auriez été arrêté pendant l'instruction même, dès le moment où le rapporteur se serait cru certain de votre culpabilité, et on ne vous aurait assigné comme témoin qu'après que votre innocence aurait été reconnue par un tribunal. »

DEUX SÉANCES

DU CONSEIL DE GUERRE

A TRIANON

A partir du 7 octobre, où j'appris, par la lecture du rapport sur l'affaire du maréchal Bazaine, que j'étais accusé d'avoir soustrait, le 22 août 1870, une dépêche destinée au maréchal de Mac-Mahon, j'attendis tranquillement le jour de ma comparution, comme témoin, devant le conseil de guerre.

Quoi qu'on puisse en dire, dans la réalité des choses, après le rapport de M. Séré de Rivières, je comparaissais devant le conseil, plutôt comme accusé que comme témoin. Ces positions équivoques n'ont que des inconvénients. Aussi, n'ai-je cessé de regretter depuis de n'avoir pas suivi ma première inspiration, qui était de me présenter devant le conseil, de refuser de répondre et de demander à être arrêté séance tenante et traduit devant un conseil de guerre. Ma situation eût été nette et j'aurais été absous plus tôt du crime qui m'était imputé.

Quoi qu'il en soit, je regardais comme impossible, même en agissant autrement, que l'affaire de la dépêche du 20 août ne s'éclaircît pas pendant les débats, d'une façon ou d'une autre. Le maréchal de Mac-Mahon, et après lui plusieurs officiers de son état-major particulier, avaient déclaré devant le rapporteur, par suite d'une défaillance de mémoire très-concevable, que cette dépêche leur était demeurée inconnue. Mais n'était-il pas possible que les souvenirs leur fussent revenus depuis, ou bien ne pouvait-il pas se produire, grâce à la déposition d'autres témoins, un incident quelconque, qui ferait tomber d'un seul coup l'accusation portée contre moi? Cet incident se produisit en effet, à la séance du 3 novembre, de la façon la plus inopinée. Les inspecteurs de police Miès et Rabasse, appelés devant le conseil de guerre, firent le récit détaillé de leur entrevue avec le colonel d'Abzac, dans la nuit du 24 au 25 août, à Rethel (voir page 37). Ils racontèrent qu'à leur arrivée devant la maison qu'habitait le maréchal de Mac-Mahon une servante leur ouvrit la porte; qu'elle les conduisit près de l'officier de service, qui s'empressa d'aller réveiller le colonel d'Abzac; qu'ils remirent à cet aide de camp, en présence de l'officier de service et de la servante, les dépêches originales dont ils étaient porteurs, et que le colonel, après les avoir examinées, les leur rendit en disant : « Il y a deux jours que nous connaissons cela ; c'est ce que vous avez télégraphié. » Cette déposition étonna d'autant plus qu'elle était inattendue ; car le rapporteur de l'affaire du maréchal Bazaine avait si incomplètement interrogé, pendant l'instruction, les nommés Miès et Rabasse, qu'il ne connut pas même les faits que ces hommes venaient de révéler devant le conseil de guerre. Le colonel d'Abzac fut appelé à son tour. Interrogé, puis confronté avec les deux inspecteurs de police, il déclara ne rien se rappeler, et il alla même jusqu'à affirmer qu'on ne l'avait pas réveillé dans la nuit du 24 au 25 août et qu'aucune dépêche ne lui avait été remise. Les agents persistèrent dans leurs déclarations, et la séance fut levée, sous le coup de l'émotion causée par cet incident. Il était, en effet, de nature à étonner et le conseil de guerre et le public, qui ne pouvaient pas discerner de quel côté se trouvait la vérité. Cependant, les nommés Miès et Rabasse venaient simplement de reconter ce qui avait eu lieu, et le colonel d'Abzac, pris à l'improviste et mal servi par sa mémoire, n'avait eu qu'un tort, celui d'affirmer, au lieu de se borner à dire qu'il ne se souvenait pas.

Il y avait alors dans le public un grand nombre de personnes qui, prévenues contre l'Empereur et hostiles à l'Empire, avaient accepté, avec une satisfaction mal déguisée, comme autant de vérités, toutes les erreurs contenues dans le rapport sur l'affaire du maréchal Bazaine. D'après elles, l'Empereur n'avait pas remis de bonne foi le commandement de l'armée au maréchal de Mac-Mahon; il avait continué à l'exercer sous main, pour ainsi dire clandestinement; « il avait soustrait au maréchal la direction des opérations, tout en lui en laissant la responsabilité »; il avait pris des mesures pour que les dépêches adressées au maréchal lui fussent remises de première main, se réservant de les communiquer ou de les garder secrètes; et ces personnes allaient jusqu'à dire, entre autres turpitudes, que le souverain m'avait placé auprès du maréchal pour le surveiller et pour arrêter au passage les dépêches qui auraient pu lui parvenir directement. Pour toute cette partie du public, prévenue ou hostile, l'incident du 3 novembre, qu'on a appelé l'*incident d'Abzac*, se produisait d'une façon inopportune; car s'il venait à être prouvé que les inspecteurs de police Miès et Rabasse avaient dit la vérité contre le colonel d'Abzac, il en résultait forcément que ni l'Empereur, ni moi n'avions détourné la dépêche du maréchal Bazaine; il fallait renoncer, par suite, à se complaire dans les calomnies, et il ne restait plus qu'à s'étonner de la facilité avec laquelle le rapporteur avait dressé contre moi tout un acte d'accusation sur les informations les plus incomplètes.

Mais il y avait une autre raison grave pour laquelle beaucoup de personnes virent avec regret se produire l'incident d'Abzac. Si, en effet, le conseil de guerre parvenait à éclaircir cet incident, ce qui lui était facile en assignant les différents acteurs de la scène nocturne décrite par Miès et Rabasse, nommément la servante de Rethel et M. Marescalchi, et si le résultat de l'enquête venait confirmer les déclarations des deux agents, il en découlait, comme conclusion forcée, que le maréchal de Mac-Mahon et son état-major particulier avaient eu connaissance dès le 22 août 1870 de la dépêche du maréchal Bazaine. Or, le maréchal de Mac-Mahon et deux de ses officiers avaient affirmé le contraire sur la foi du serment devant le rapporteur : il aurait donc fallu les assigner ou les interroger de nouveau et leur faire avouer qu'ils avaient manqué de mémoire à propos d'une dépêche à laquelle on attribuait, bien qu'à tort, une importance très-grande ; ce qui eut placé dans une situation délicate d'honorables officiers et le chef de l'État lui-même.

Le lendemain de l'incident d'Abzac, le 4 novembre, Miès et Rabasse subirent un nouvel interrogatoire. Le conseil de guerre était en présence de deux déclarations contraires : celle d'un colonel de l'état-major particulier du maréchal de Mac-Mahon, officier d'une honorabilité reconnue, et celle de deux inspecteurs de police. Il n'est donc pas surprenant que les membres du conseil de guerre aient supposé le cas où ces derniers se seraient rendus coupables de faux témoignage. C'est ce qui explique les louables efforts que fit le président du conseil pour découvrir la vérité. L'inspecteur de police Miès, pressé de questions, resta inébranlable dans ses affirmations de la veille. Le président du conseil, qui faisait des efforts si méritoires pour découvrir la vérité, s'était-il dit qu'il existait un moyen beaucoup plus simple d'arriver à son but? C'était de faire comparaître et d'interroger la servante de Rethel qui, au dire des inspecteurs de police, les avaient introduits dans la maison du maréchal et s'était trouvée présente à leur entretien avec le colonel d'Abzac. Le président du conseil aurait pu encore solliciter le témoignage de M. Marescalchi, bien que cet ancien officier de l'état-major particulier du maréchal de Mac-Mahon se trouvât en ce moment éloigné de France, ou bien encore celui de plusieurs autres officiers ayant fait partie de la maison militaire de l'ancien commandant en chef de l'armée de Châlons.

Il m'avait semblé que, dans un procès de cette importance, où l'on appelait en témoignage des gens de toute condition, et jusqu'à des femmes perdues, il eût été naturel d'assigner une ou deux personnes de plus, là où il s'agissait de mon honneur. On voudra bien remarquer, en effet, encore une fois, que si les déclarations des nommés Miès et Rabasse étaient reconnues vraies, ma non-culpabilité se trouvait par cela même constatée. Mais le conseil de guerre séant à Trianon ne donna pas suite à l'incident du 3 novembre. Quelles sont les considérations de haute portée qui le guidèrent dans cette circonstance? Quoi qu'il en soit, mon honneur resta exposé en pâture à l'opinion publique, et ce n'est qu'après de longs mois écoulés que ma complète innocence a été reconnue.

Je comparus devant le conseil de guerre à cette même séance du 4 novembre. On a vu plus haut par suite de quelle inconséquence j'étais, quoique accusé d'un crime par un magistrat, assigné comme témoin devant le tribunal de Trianon.

Cette séance donna lieu à un nouvel incident, en suite duquel je fus condamné à trois mois de prison par le tribunal de police correctionnelle. Je m'étais proposé de profiter du moment où le président du conseil de guerre aurait fini de m'interroger, pour protester contre l'accusation qu'avait portée contre moi avec tant d'assurance le rapporteur de l'affaire du maréchal Bazaine. Je n'ignorais pas que le lieu était mal choisi pour en faire le théâtre d'une telle protestation ; mais qui pourrait me blâmer d'avoir voulu saisir la seule occasion qui me fût offerte pour montrer que ma réputation me tient à cœur? Mon intention était de faire connaître que le rapporteur ne m'avait assigné qu'une seule fois, et qu'après m'avoir déclaré qu'il croyait à ma déposition, il était venu m'accuser plus tard, sans m'interroger de nouveau, d'avoir commis un acte qualifié de crime par la loi. J'avais d'ailleurs dans l'âme, à cette époque, bien des sujets d'exaspération ; car M. Thiers, alors chef de l'État, cédant à un sentiment de basse rancune, venait de me faire rayer des cadres de l'armée arbitrairement, c'est-à-dire sans que je l'eusse demandé ou sans que j'eusse démérité. Mais le président du conseil de guerre, usant de son droit, ne me permit pas de développer ma pensée. Les paroles que je prononçai furent considérées par le conseil comme un outrage tendant à inculper l'honneur et la délicatesse du rapporteur improvisé Séré de Rivières ; le président m'en demanda la rétractation et, comme je m'y refusai, il fit dresser un procès-verbal de l'incident, et le transmit au général de division commandant la 1re division militaire, qui en saisit les autorités compétentes. Le tribunal de police correctionnelle de Versailles me condamna à subir la peine de trois mois d'emprisonnement.

On a vu plus haut pour quelles raisons le conseil de guerre séant à Trianon désirait ne pas donner suite à l'incident de la veille; mais ne devait-il pas craindre que, dans le public, comme dans la presse, on ne demandât, par intérêt pour la justice, que l'incident fût éclairci, et qu'il ne se vît ainsi obligé de céder à un mouvement de l'opinion? L'attention publique fut détournée de l'incident d'Abzac par un coup d'éclat inattendu. Profitant du défaut de netteté de plusieurs de mes réponses, le commissaire du gouvernement, M. Pourcet, me présenta comme le seul et vrai coupable dans l'affaire de la dépêche du 20 août. Il demanda la parole et s'exprima comme il suit :

« Attendu qu'il résulte de la déposition des té-
« moins Miès et Rabasse, ainsi que d'autres té-
« moignages recueillis aux débats, prévention
« suffisante, que, dans les journées du 22 au 27
« août, le colonel Stoffel, chef du service des
« renseignements à l'état-major du maréchal de
« Mac-Mahon (1), aurait détruit, brûlé ou lacéré

(1) On voit que le commissaire du gouvernement suivait les errements du rapporteur, en m'attribuant des fonctions et un titre qui ne m'ont jamais appartenus.

« lesdites dépêches qui, par suite, ne sont jamais « parvenues à M. le maréchal de Mac-Mahon, « crime prévu et puni par l'article 225 du code « de justice militaire ;

« Par ces motifs, nous déclarons faire des ré« serves pour exercer telles poursuites qu'il con« viendra contre le colonel Stoffel. Requérons « qu'il nous soit donné acte desdites réserves, à « l'effet de provoquer, s'il y a lieu, de l'autorité « compétente, un ordre d'informer contre ledit « colonel Stoffel. »

Ainsi, l'incident du 3 novembre, qu'il eut été si simple et si facile d'éclaircir et qui, une fois éclairci, eut suffi pour prouver l'inanité de l'accusation portée contre moi, l'incident du 3 novembre se trouvait écarté et du même coup je me voyais menacé d'être traduit devant un conseil de guerre, pour soustraction de dépêches.

La décadence intellectuelle et morale est telle aujourd'hui en France, et le sentiment de la justice y est à ce point perverti que ces faits furent accueillis comme la chose du monde la plus simple, et qu'il ne s'éleva pas une seule voix, ni dans la presse ni ailleurs, pour exprimer le moindre étonnement, ou pour demander par quelle raison on laissait tomber l'incident d'Abzac. Quant à moi, je me voyais désigné aux yeux de tous comme un criminel. Cette partie si nombreuse du public qui s'imagine, qui désire même, que tout se passe dans la vie comme dans un drame, partie abrutie par l'ignorance, fut pleinement satisfaite. Elle assistait là à un drame, dans lequel un colonel de l'armée, attaché à l'état-major d'un maréchal, avait joué le rôle de premier traître, en détournant une dépêche d'où dépendait, disait-on, le sort du pays. Je vis, dès le 5 novembre, des gens, qui m'avaient fait bonne mine jusque-là, m'éviter prudemment ou se tenir sur la réserve; d'autres personnes qui, influentes par leur position, m'avaient promis un appui, que j'avais sollicité pour me créer une position, me le retirèrent tout à coup; les feuilles des hommes du Quatre-Septembre me lancèrent leur bave : pour toute la gente imbécile et lâche, habits fins ou blousiers, je ne fus plus, à partir de ce jour, qu'un voleur de dépêches, qui avait contribué au plus épouvantable de nos désastres.

Si le coup qui m'était porté par M. Pourcet, commissaire du gouvernement, avec l'approbation du conseil de guerre, n'avait pas suffi à me prouver qu'on avait résolu de laisser tomber l'incident d'Abzac, je n'aurais plus eu aucun doute à ce sujet quelques jours après, à la suite d'un renseignement qui me fut donné de source certaine, mais qu'il ne m'est pas permis de divulguer ici. La menace d'être traduit devant un conseil de guerre pour soustraction de dépêches changeait complétement ma situation. Il ne pouvait pas me convenir de laisser persister l'accusation dont j'étais l'objet, ni de rester sous le coup des réserves de M. Pourcet, et, dès le 5 novembre, je demandai par voie officielle à être traduit devant un conseil de guerre.

Le ministre de la guerre, donnant suite à ma demande, ordonna d'instruire l'affaire qui me concernait. L'enquête ne pouvait amener qu'un des deux résultats suivants : ou une ordonnance de non-lieu, ou ma traduction devant un conseil de guerre. Une ordonnance de non-lieu, rendue à la suite d'une instruction dont le public devait ignorer les détails, n'était pas de nature à me satisfaire. Mon désir eut donc été de comparaître devant un conseil de guerre, pour que ma justification fût éclatante et publique, comme l'avait été l'accusation portée contre moi par le rapporteur de l'affaire Bazaine. Mais je fus déçu dans mon attente; car, à la suite d'une instruction minutieuse, qui ne dura pas moins de six mois, le ministre de la guerre rendit une ordonnance de non-lieu, ce dont je fus informé le 17 juillet dernier, pendant que je subissais ma prison, par la lettre suivante :

Paris, le 16 juillet 1874.

« Monsieur le Colonel,

« J'ai l'honneur de vous prévenir que le ministre de la « guerre, après examen de la procédure suivie contre « vous, sur votre propre demande, a rendu, à la date du « 13 juillet, une ordonnance de non-lieu.

« Recevez, Monsieur le Colonel, l'assurance de mes « sentiments les plus distingués. »

Le commissaire spécial du gouvernement près le 2e conseil de guerre,

COLONEL CLAPPIER.

Cette ordonnance de non-lieu faisait tomber enfin l'incroyable accusation sous le coup de laquelle j'étais resté pendant un an ; mais, comme je l'ai dit plus haut, elle ne pouvait pas me satisfaire complétement, et c'est pourquoi je me suis décidé à écrire ces pages, destinées non pas à me justifier, mais à expliquer les faits. Il ne ressort pas moins de la dernière enquête cette contradiction étonnante : au mois d'août 1872, un officier du génie, improvisé rapporteur d'une affaire grave entre toutes, m'interroge une seule fois et m'accuse d'un crime dans un rapport appelé à être lu du monde entier, et, quelque temps après, un juge d'instruction, rompu dans l'exercice de ses fonctions, instruit pendant six mois l'affaire qui me concerne et dépose un rapport, à la suite duquel le ministre de la guerre rend une ordonnance de non-lieu, qui démontre l'inanité de l'accusation portée contre moi. Je m'abstiens de tout commentaire.

J'ai terminé le récit des faits qui se rapportent à l'affaire de la dépêche du 20 août 1870. Bien qu'ils soient d'une faible importance, en tant que s'appliquant à ma personne, ils n'en comportent pas moins des enseignements que je crois utile de faire ressortir. Mais le lecteur me permettra peut-être de traiter auparavant une question spéciale, celle du degré d'importance qu'il convient d'attribuer à cette dépêche. Deux raisons différentes m'y engagent : le désir d'empêcher qu'une erreur historique ne vienne à s'accréditer, et celui de prouver que le rapporteur s'est étrangement trompé en faisant de la prétendue importance de cette dépêche la base de son acte d'accusation.

DU DEGRÉ D'IMPORTANCE

DE LA DÉPÊCHE DU 20 AOUT 1870

Le bruit qui s'est fait à propos de cette dépêche vient en grande partie de l'importance qu'on lui a attribuée. Elle était, on peut se le rappeler, conçue dans les termes suivants :

Le maréchal Bazaine au maréchal de Mac-Mahon.

Metz, 20 août 1870.

« J'ai dû prendre position près de Metz, pour donner « du repos aux soldats et les ravitailler en vivres et en « munitions. L'ennemi grossit toujours autour de moi, « et je suivrai très-probablement, pour vous rejoindre, la « ligne des places du nord, et vous préviendrai de ma « marche, si toutefois je puis l'entreprendre sans compro- « mettre l'armée. »

Le jour où elle arriva à Courcelles, le 22 août 1870, on y avait déjà reçu une dépêche du maréchal Bazaine à l'Empereur, et une autre, je crois, du même maréchal au ministre dela guerre (voir page 28). La dépêche adressée au maréchal de Mac-Mahon, reçue et déchiffrée vers sept heures du soir, ne donnait aucun renseignement que n eussent déjà fait connaître les deux autres, ce qui explique suffisamment qu'elle ait assez peu frappé le destinataire pour qu'il ne se la soit point rappelée deux ans après, lors de sa déposition. Chose surprenante ! cette dépêche passa pour ainsi dire inaperçue du commandant en chef de l'armée de Châlons et de son état-major, et deux ans après la guerre, on venait de toutes parts lui reconnaître une importance sans égale ! Qui donc a découvert le premier ce que n'avaient soupçonné ni le maréchal Bazaine, qui envoya la dépêche, ni le maréchal de Mac-Mahon, qui la reçut? Un ancien colonel du génie, fait général après deux ans de grade par les hommes du 4 Septembre, et improvisé rapporteur de l'affaire du maréchal Bazaine. Et pour quelle raison cet officier du génie attribue-t-il à la dépêche une importance si grande? Parce qu'elle se termine par cette phrase : « Je vous préviendrai de ma marche, si je puis toutefois l'entreprendre sans compromettre l'armée », laquelle ne se trouve ni dans la dépêche adressée à l'Empereur, ni dans celle qui fut adressée au ministre de la guerre. J'extrais du rapport sur l'affaire du maréchal Bazaine les passages suivants, qui font connaître l'interprétation que donne à la dépêche du 20 août le rapporteur Séré de Rivières. Il la compare aux deux dépêches que le commandant en chef de l'armée du Rhin adressa, l'une à l'Empereur, l'autre au ministre de la guerre, et il dit : « Il est « inutile d'insister sur la différence essentielle « existant entre la dernière de ces dépêches (la « dépêche destinée au maréchal de Mac-Mahon) « et les deux autres; celle-la seule contient une « réserve formelle, qui pouvait arrêter la marche « du maréchal de Mac-Mahon, faire cesser ou « retarder l'exécution des préparatifs qui se pour- « suivaient à Montmédy. Le maréchal Bazaine, « dans ses interrogatoires, fait ressortir le carac- « tère spécial des diverses communications qu'il « a transmises au maréchal de Mac-Mahon; ce « sont des instructions données par un chef à « son subordonné; les autres informations sont « simplement des avis. La dépêche pour le ma- « réchal de Mac-Mahon présentait donc un intérêt « capital. »

Plus loin, le rapporteur dit encore : « Il reste à « la charge du maréchal Bazaine d'avoir gardé « le silence dans ses dépêches du même jour,

« vis-à-vis de l'Empereur et du ministre de la « guerre, sur ce point essentiel, qu'un avis ulté- « rieur serait donné, annonçant la mise en mou- « vement de l'armée de Metz. Pourquoi ne leur « indiquait-il pas cette restriction si importante, « dont il faisait mention dans sa dépêche au « maréchal de Mac-Mahon ? Ne devait-il pas « également la vérité au souverain et au mi- « nistre ? »

Comme on voit, d'après le rapporteur, la phrase finale de la dépêche : « Je vous préviendrai de « ma marche, si toutefois, etc... » constitue « une *restriction*, *une réserve formelle*, qui pouvait arrêter la marche du maréchal de Mac-Mahon ; — un *avis ultérieur* devait être donné — et la dépêche présentait *un intérêt capital.* » Autrement dit, le maréchal de Mac-Mahon n'aurait jamais dû, sur cette dépêche, se mettre en mouvement avant d'avoir reçu un nouvel avis du maréchal Bazaine. On reste confondu à la lecture d'une pareille interprétation donnée par un officier général français, et l'étonnement redouble quand on la voit adoptée par le président du 1er conseil de guerre de la 1re division militaire. Tant il est vrai que rien n'est rare comme la lucidité d'esprit et la netteté de jugement. Le président du 1er conseil de guerre de la 1re division militaire n'a jamais fait aucune guerre sérieuse; il est devenu général de division après quelques années de service et, ayant vécu hors de France pendant vingt-trois ans, il est resté complétement étranger à l'armée : on aurait donc tort de s'étonner de son peu d'expérience des choses militaires et des erreurs qu'il commet dans ses interprétations (1). Interrogeant le maréchal Bazaine dans la séance du 15 octobre, à Trianon, il s'exprimait comme il suit, au sujet des trois dépêches envoyées le 20 août par le commandant en chef de l'armée du Rhin : « Vous dites au maréchal de Mac-Mahon que vous le préviendrez de votre marche, si « toutefois vous pouvez l'entreprendre sans compromettre le salut de l'armée. Comment expliquez-vous ces variantes? Je suis obligé d'insister « sur ce point. Il a d'autant plus d'importance « que, par un concours de circonstances que la « suite de ces débats éclairera peut-être, il semble que le maréchal de Mac-Mahon n'ait jamais « eu connaissance de la dépêche à lui adressée, la « seule des trois qui contînt cette restriction essen-

(1) On s'est étonné, à juste titre, d'entendre le président du conseil demander à plusieurs maréchaux si, à leur avis, il y avait chance, après la journée du 16, de battre l'ennemi en l'attaquant le lendemain 17. Ces sortes de choses ne se demandent pas. Wellington, le matin de Waterloo, ou Villars, le matin de Denain, auraient haussé les épaules devant celui qui leur eût demandé s'ils croyaient avoir quelque chance de gagner la bataille.

« tielle, restriction qui devait donner à penser, qui « eut sans doute influé sur les opérations de votre « lieutenant. Laissez-moi vous demander comment « vous avez pu omettre, en prévision d'incidents « possibles, d'insérer cette restriction dans les dé- « pêches adressées simultanément à l'Empereur et « au ministre? Et ne croyez-vous pas qu'il eût été « utile de faire connaître à l'Empereur et au mi- « nistre l'intention que révélait cette restriction, « aux termes de laquelle vous préveniez le maré- « chal de Mac-Mahon de *ne marcher que sur un « nouvel avis de vous?* »

Comme on peut le voir, le président du 1er conseil de guerre de la 1re division militaire adopte complétement l'interprétation donnée par le rapporteur, et, pour eux, la phrase finale de la dépêche constituerait une restriction, d'après laquelle le commandant en chef de l'armée de Châlons devait, *avant de se mettre en marche,* attendre un nouvel avis du maréchal Bazaine. Ils se trompent étrangement en prenant la restriction que le maréchal Bazaine se fait à lui-même pour une restriction imposée au maréchal de Mac-Mahon. Un général qui dit à son subordonné : « Je vous préviendrai de ma marche, si toutefois je puis l'entreprendre sans compromettre l'armée », énonce simplement, à titre d'avis, qu'il portera à la connaissance de son lieutenant un fait qui pourra se réaliser dans certaines circonstances; il n'y a là aucune restriction imposée au subordonné. C'est, au contraire, le supérieur qui s'en impose une à lui-même, en disant qu'il ne préviendra *que si* une certaine circonstance se présente. Si le commandant en chef de l'armée du Rhin avait voulu faire une restriction à son lieutenant, il se fût servi de termes tels que ceux-ci : « Ne vous mettez en mouvement *que si* je vous préviens de ma marche, » ou « Vous ne vous mettrez en mouvement *qu'après que* je vous aurai prévenu. »

Le rapporteur et le président du conseil de guerre n'ont pas vu qu'ils faisaient du maréchal Bazaine un insensé. Comment! le commandant en chef de l'armée du Rhin aurait voulu que le maréchal de Mac-Mahon ne fît aucun mouvement avant d'être prévenu, et, pour lui exprimer un fait d'une si grande importance, il n'aurait pas trouvé au bout de sa plume les seuls mots qu'on puisse et qu'on doive employer pour le dire, comme par exemple : « Ne faites aucun mouvement avant que je vous aie prévenu, » ou « Ne quittez pas vos positions avant que je vous aie avisé, » ou bien encore : « Attendez, pour vous mettre en marche, que je vous aie prévenu. » Y a-t-il donc deux façons de s'exprimer pour donner un ordre d'une telle gravité ! Quelle idée le rapporteur de l'affaire du maréchal Bazaine et le président du conseil de guerre se font-ils donc du devoir qui incombe aux généraux en chef dans la rédaction de leurs ordres?

Ils n'auraient pas commis de pareilles erreurs s'ils s'étaient rendu compte des faits que le maréchal Bazaine connaissait et de ceux qu'il ignorait au moment où il rédigea la dépêche, le 20 août, à huit heures du soir. Ils n'ont pas su discerner que le maréchal était dans une ignorance presque entière de toutes choses concernant l'armée de Châlons. Ne voyons-nous pas, par la dépêche du maréchal Bazaine du 18 août (voir page 11), que quand il l'écrivit, à midi, il était si peu au courant des faits qu'il croyait le maréchal de Mac-Mahon à Bar-sur-Aube avec les débris du 1er corps d'armée? Le commandant en chef de l'armée du Rhin était trop versé dans la connaissance des choses de la guerre pour ne pas savoir qu'il était impossible de constituer au camp de Châlons, en quelques jours, une armée capable de commencer des opérations sérieuses. A la date du 20 août, jour où il envoya la dépêche au maréchal de Mac-Mahon, il ignorait, et le degré d'organisation de l'armée de Châlons, et sa force, et le moment où elle pourrait entrer en campagne. Il se serait donc bien gardé de donner un ordre quelconque au commandant en chef de cette armée. C'est ce que prouvent, non-seulement sa dépêche du 18 août, où il écrit : « Je présume que le ministre vous aura donné des ordres, vos opérations étant tout à fait en dehors de ma zone d'action, et je craindrais de vous donner une fausse direction », mais encore toutes ses autres dépêches, où il se borne à envoyer des renseignements. Si dans celle du 20 août il écrit : « Je vous préviendrai de ma marche, si toutefois, etc... » il n'a nullement l'intention de donner un ordre au maréchal de Mac-Mahon ou de peser sur lui, mais il lui indique simplement, à titre d'avis, un fait qui pourra se réaliser. On pourrait presque appeler cette phrase un pléonasme militaire; car ne tombe-t-il pas sous le sens que le maréchal Bazaine n'aurait jamais exécuté une opération aussi importante que celle qui consistait à reprendre sa marche, interrompue par les batailles du 16 et du 18 août, sans en donner avis au maréchal de Mac-Mahon, son subordonné? Il est tout naturel qu'il se soit mis, par la pensée, à la place du commandant en chef de l'armée de Châlons et que, se rendant compte des inquiétudes qu'éprouvait son subordonné depuis la rupture des communications, il ait jugé convenable de le rassurer, comme pour lui dire : « Soyez sans crainte, je n'oublierai pas de vous prévenir de ma marche, si toutefois, etc... »

Cette phrase, tant commentée depuis, n'avait aucun autre sens, et j'en donnerai une preuve irréfragable en renvoyant à la page 79 de l'ouvrage du maréchal Bazaine intitulé *L'armée du Rhin.* On y lit, à propos de la dépêche qu'il adressa le 20 août au maréchal de Mac-Mahon, les lignes suivantes : « J'ignore quand le maréchal (Mac-Mahon) reçut ma dépêche, *laquelle n'était du reste que la répétition de celle que j'avais adressée la veille télégraphiquement à l'Empereur avec plus de détails.* » Est-il possible de dire plus clairement que la dépêche du 20 août ne reçoit aucune importance particulière de la phrase qui la termine, et qui ne se trouve, ni dans la dépêche adressée le même jour à l'Empereur, ni dans celle adressée au ministre de la guerre. Je ne me charge pas d'expliquer comment cet aveu du maréchal Bazaine lui-même n'a pas suffi à éclairer le rapporteur et le président du 1er conseil de guerre de la 1re division militaire.

On le voit donc de reste : la dépêche du 20 août n'avait aucune importance, ni par les renseignements qu'elle donnait et qui se trouvaient déjà fournis par des dépêches antérieures, ni par la phrase qui la termine. C'est ce qui explique pourquoi elle n'a frappé, ni le maréchal de Mac-Mahon, ni les officiers qui l'ont connue, et comment ils ont pu en perdre le souvenir, au point de déclarer, en août 1872, qu'elle n'était jamais parvenue à leur connaissance. Et cependant c'est sur cette prétendue importance de la dépêche que repose tout l'édifice de l'accusation portée contre moi par le rapporteur. Il commence par attribuer à la dépêche une importance qu'elle n'a pas, et il en infère que si le maréchal de Mac-Mahon l'avait connue, la marche de l'armée de Châlons vers l'est n'eût sans doute pas eu lieu. Puis il se figure que j'ai intercepté la dépêche et, poussant alors à l'extrême l'audace des conclusions, il ne craint pas de me donner une large part de responsabilité dans le désastre de Sedan !

Il n'est pas donné à tout le monde de raisonner juste sur les choses de la guerre. Napoléon 1er, pendant sa captivité, se faisait envoyer les ouvrages qu'on publiait en Europe. C'était souvent d'infâmes libelles dirigés contre sa personne; l'Empereur les ouvrait et les refermait presque aussitôt avec dédain. Mais s'il rencontrait un livre sérieusement écrit, il le lisait et parfois le réfutait. C'est ce qu'il fit pour l'ouvrage intitulé *Considérations sur l'art de la guerre.* L'auteur était un général du génie qui, dans plusieurs centaines de pages, dogmatisait sur toutes choses qu'il ignorait. Il renversait les principes de guerre des grands capitaines de tous les temps, critiquait les campagnes d'Alexandre, d'Annibal et de César, réformait tout dans les armées modernes, les manœuvres, les règlements, l'administration : il ne laissait rien subsister et, entrant dans les détails, il changeait l'école de peloton, proposait le fusil à deux coups, supprimait le tambour, qu'il appelait un instrument barbare et inventait une infanterie portée en croupe par la cavalerie. L'Empereur, indigné de voir qu'un général français fît ainsi devant l'Europe étalage d'ignorance et de faux jugement, s'occupa de le réfuter, et il lui adresse dans ses *Mémoires* ces rudes apostrophes : « Il aurait mieux valu passer son « temps à conférer avec un caporal de voltigeurs « ou un vieux sergent de grenadiers ; ils eussent « donné des idées plus saines. Et c'est un officier « général français qui prostitue ainsi son uniforme « à la risée de l'Europe ! Comment le prote qui a im- « primé son ouvrage ne le lui a-t-il pas fait obser- « ver ? Car enfin ce prote avait fait probablement « la guerre, ou du moins, il avait servi dans la garde « nationale. » Et l'Empereur ajoute ce mot si juste : « Dogmatiser sur ce qu'on n'a pas pratiqué est « l'apanage de l'ignorance. »

Il n'est pas très-étonnant qu'un général du génie, qui n'a aucune expérience de la guerre et qui n'en a jamais étudié les préceptes, se soit trompé sur le sens d'une dépêche. Ce qui l'est davantage, c'est que son erreur ait été partagée par l'ancien président du 1er conseil de guerre de la 1re division militaire. Ce dernier commande aujourd'hui un corps d'armée. Dieu veuille qu'il étudie et médite la *Correspondance de Napoléon Ier*; il y apprendra dans quels termes doivent être donnés les ordres à la guerre. Il y verra comment l'Empereur s'exprimait quand il voulait qu'un de ses lieutenants ne quittât pas ses positions, et il se convaincra que les généraux formés à l'école de ce grand homme de guerre n'auraient jamais compris qu'une phrase semblable à celle qui termine la dépêche du 20 août équivalût pour eux à l'ordre de ne faire aucun mouvement.

Mais que doit-on penser quand on voit l'interprétation du rapporteur et du président du conseil de guerre adoptée par tout le monde comme une vérité acquise? On reconnaît là une nouvelle preuve de l'infériorité intellectuelle du public en France : il accepte tout, il croit à tout de confiance, il n'examine pas, ne réfléchit jamais, et les plus grosses absurdités lui sont bonnes, pourvu qu'on les lui débite avec assurance. Aujourd'hui, le public presque tout entier accepte comme des vérités deux erreurs différentes, l'une de fait, l'autre d'appréciation. L'erreur de fait, c'est que le maréchal de Mac-Mahon n'a pas connu la dépêche du maréchal Bazaine ; l'erreur d'appréciation, due à l'initiative du rapporteur Séré de Rivières, c'est que la dépêche présentait un intérêt capital. Il en résulte que ces deux erreurs sont près de passer à l'état de vérités historiques, aussi bien que celle qui en est la conséquence, et qui consiste à croire que si le maréchal avait eu connaissance de la dépêche, il aurait peut-être renoncé à entreprendre sa marche vers l'est et évité le désastre de Sedan. Fait étrange! ces erreurs sont déjà tellement accréditées qu'on les entend exprimer de tous côtés, dans le public, dans la presse, dans l'armée, et qu'on lit dans des *Revues*, qui ont la prétention d'être sérieuses, des articles militaires où les auteurs, se livrent, au sujet de cette pièce, à des dissertations de haute fantaisie.

D'après eux, qui acceptent sans examen l'interprétation erronée du rapporteur de l'affaire du maréchal Bazaine, le commandant en chef de l'armée de Châlons, s'il avait reçu la dépêche du 20 août, n'aurait probablement pas pris le parti de porter l'armée vers l'est; il eut attendu un nouvel avis et, par suite, le désastre de Sedan eut été évité. Je me contenterai, pour édifier ces auteurs d'articles militaires, de raconter un épisode qui se passa le 27 août 1870, au Chesne. Ce récit, qui d'ailleurs n'est pas étranger à l'objet de la présente brochure, leur montrera à quelles fausses appréciations se laissent entraîner les écrivains ignorant des faits et des choses.

Comme on l'a vu plus haut, le maréchal de Mac-Mahon avait, le 22 août dans la matinée, donné les ordres de mouvement sur Paris, puis, changeant subitement de détermination à la réception du rapport du maréchal Bazaine, il en avait envoyé de nouveaux pour diriger l'armée sur l'Aisne. Ainsi, bien qu'il eût déclaré la veille que l'armée de Châlons n'était pas en état de se compromettre au milieu de plusieurs armées ennemies, il allait cependant la porter au milieu d'elles. Il est clair, d'après cela, qu'il prenait cette nouvelle décision sous le seul empire de ce sentiment mal défini qui lui faisait craindre que l'armée du Rhin ne vînt à subir un désastre dont on le rendrait responsable s'il revenait sur Paris. Mais il est évident aussi qu'il ne pouvait avoir aucune confiance dans l'entreprise qu'il allait tenter, puisque son jugement la désavouait. L'eût-il même eue au départ de Reims qu'elle se fût évanouie dès les premiers jours de marche. L'armée comptait, à la vérité, des éléments excellents, tels que le 1er corps et le 12e presque tout entier; mais elle n'en constituait pas moins un ensemble privé de la cohésion, de la discipline et de l'instruction nécessaires. Le maréchal put s'en convaincre pendant les premières étapes que fit l'armée. Témoin de la lenteur et du désordre de la marche, comme des difficultés qu'entraînait l'approvisionnement, il conçut des appréhensions de plus en plus vives à mesure que l'armée s'avançait. C'est sous cette impression qu'il en revint à son premier projet, le seul juste, parce que seul il offrait une solution possible : il se décida à arrêter le marche vers l'est et à opérer sa retraite. C'était le 27 août, au Chesne. Les ordres furent rédigés et envoyés pour porter l'armée le lendemain sur Poix et sur Mézières. Je me trouvais ce jour-là dans le cabinet du maréchal, seul avec lui : « Asseyez-vous, me « dit-il, je vais écrire au ministre de la guerre, » et il me dicta aussitôt une dépêche par laquelle il informait le ministre de sa nouvelle résolution et des motifs qui le faisaient agir. Les termes exacts de cette dépêche ne sont plus présents à ma mémoire; mais je ne crois pas me tromper en affirmant qu'elle n'est autre que la suivante, qu'on peut lire à la page 415 du tome Ier des *Papiers et correspondance de la famille impériale*.

Maréchal de Mac-Mahon à Guerre. — Paris.

« Le Chesne, 27 août 1870, 8 heures 30 minutes, soir.

« Les 1re et 2e armées, plus de 200 mille hommes, blo-
« quent Metz, principalement sur la rive gauche; une

« force, évaluée à 50 mille hommes serait établie sur la « rive droite de la Meuse, pour gêner ma marche sur « Metz. Des renseignements annoncent que l'armée du « prince royal de Prusse se dirige aujourd'hui sur les « Ardennes avec 50 mille hommes; elle serait déjà à Ar- « dueil. Je suis au Chesne avec un peu plus de 100 mille « hommes. Je n'ai aucune nouvelle de Bazaine. Si je me « porte à sa rencontre, je serai attaqué de front par une « partie des 1re et 2e armées, qui, à la faveur des bois, « peuvent dérober une force supérieure à la mienne, en « même temps attaqué par l'armée du prince royal de « Prusse me coupant toute ligne de retraite. Je me rap- « proche demain de Mézières, d'où je continuerai ma « retraite, selon les événements, vers l'ouest. »

« Portez cette dépêche à d'Abzac, me dit le maréchal, et qu'il l'expédie de suite.» Je me levai pour exécuter l'ordre qui m'était donné, lorsque entra le général Faure, chef d'état-major général. « Voici une dépêche que j'écris au ministre, lui dit le maréchal, » et, me la prenant des mains, il la présenta au général. Le chef d'état-major en prit connaissance et dit au maréchal ces paroles, que je n'ai pu oublier, tant elles étaient prophétiques et tant elles témoignent de la juste appréciation que fit des hommes et de la situation l'honorable général Faure : « Ne pensez-vous pas, monsieur le maréchal, que vous ayez tort d'envoyer cette dépêche au ministre. On vous répondra de Paris de telle façon que vous serez peut-être empêché de mettre vos nouveaux projets à exécution. Vous pourriez ne l'expédier que demain, lorsque nous serons déjà en route sur Mézières. » Le maréchal prit la dépêche, la relut avec attention et me la rendit en disant : « Allez la faire expédier. »

Ce qu'avait prédit le général Faure se réalisa de tous points. Le lendemain, vers une heure du matin, le maréchal de Mac-Mahon reçut la dépêche ci-dessous, que le ministre de la guerre adressait à l'Empereur :

Guerre à Empereur. — Quartier général,

« Paris, 27 août 1870, 11 heures soir.

« Si vous abandonnez Bazaine, la révolution est dans « Paris, et vous serez attaqué vous-même par toutes les « forces de l'ennemi. Contre le dehors, Paris se gardera. « Les fortifications sont terminées. Il me paraît urgent « que vous puissiez parvenir rapidement jusqu'à Bazaine. « Ce n'est pas le prince royal de Prusse qui est à Châ- « lons, mais un des princes, frère du roi de Prusse, avec « une avant-garde et des forces considérables de cavalerie. « Je vous ai télégraphié ce matin deux renseignements « qui indiquent que le prince royal de Prusse, sentant « le danger auquel votre marche tournante expose et son « armée et l'armée qui bloque Bazaine, aurait changé de « direction et marcherait vers le nord. Vous avez au « moins trente-six heures d'avance sur lui, peut-être qua- « rante-huit heures. Vous n'avez devant vous qu'une

« partie des forces qui bloquent Metz et qui, vous voyant « vous retirer de Châlons à Reims, s'étaient étendues « vers l'Argonne. Votre mouvement sur Reims les avait « trompées. Comme le prince royal de Prusse, tout le « monde ici a senti la nécessité de dégager Bazaine, et « l'anxiété avec laquelle on vous suit est extrême. »

Cette dépêche était faite pour ébranler le maréchal dans la résolution qu'il avait prise; mais le gouvernement pensant qu'elle ne suffirait peut-être pas à lui faire renoncer à son projet de retraite, lui adressa cet autre télégramme, le 28, à une heure et demie de l'après-midi.

Guerre à Mac-Mahon. — Au quartier impérial.

(Urgent. — Faire suivre.)

Paris, 28 août 1870, 1 heure 30 minutes soir.

« Au nom du conseil des ministres et du conseil privé, « je vous demande de porter secours à Bazaine, en profitant des trente heures d'avance que vous avez sur le « prince royal de Prusse. Je fais porter corps Vinoy sur « Reims. »

Le maréchal de Mac-Mahon reçut cette dépêche à Stonne, où se trouvait le quartier général. Il sentait que le sort de l'armée et le sien dépendait du parti qu'il allait prendre. L'Empereur, qui, avec son sens droit, reconnaissait, comme le maréchal, que l'armée de Châlons n'était pas en état de secourir le maréchal Bazaine, l'Empereur ne pouvait pas se désintéresser dans cette grave circonstance. Il envoya à deux reprises au maréchal, d'abord un de ses écuyers, puis un de ses aides de camp, non pas pour peser sur lui, mais simplement pour lui rappeler que les deux dépêches du ministre de la guerre ne constituaient pas des ordres, que le maréchal, n'en ayant pas à recevoir, conservait son libre arbitre, et qu'il le priait de réfléchir mûrement avant de renoncer à ses projets de retraite. Mais le maréchal se rendit aux instances venues de Paris ; il révoqua les ordres déjà donnés et en envoya de nouveaux, destinés à continuer le mouvement de l'armée vers l'est.

Le commandant en chef de l'armée de Châlons reconnaissait si nettement l'extrême importance de sa dernière décision qu'il fit écrire, par quatre officiers de son état-major particulier, quatre copies de la première dépêche envoyée de Paris, comme pour être sûr que la trace ne s'en perdrait jamais et qu'elle resterait comme un monument à sa décharge, quels que pussent être les événements qui allaient suivre.

L'histoire devra regarder les journées du 27 et du 28 août comme celles qui décidèrent des événements qui allaient suivre. Quand le maréchal expédia sa dépêche au ministre, c'est le sort qui dictait son arrêt : encore quelques jours, et les destinées de l'armée de Châlons allaient s'accomplir !

J'ai fait le récit de cet épisode du 27 et du 28 août pour montrer que la dépêche du 20 août n'aurait pu, dans aucun cas, avoir une influence quelconque sur les événements de la guerre. Quelles que suppositions qu'on veuille faire, que le maréchal l'ait reçue ou non, qu'elle présentât un intérêt capital, comme le prétend le rapporteur de l'affaire du maréchal Bazaine, ou qu'elle fût sans aucune importance, comme l'indique le simple bon sens, on reconnaîtra que les seules journées décisives ont été celles du 27 et du 28 août. Les auteurs, civils ou militaires, qui écrivent sur les choses de la guerre pourront voir, d'après cela, à quelle réserve ils sont tenus lorsqu'ils se croient obligés de disserter sur les événements. Ils devraient reconnaître qu'on ne peut juger sainement qu'à la condition d'avoir commandé ou participé au commandement dans une certaine mesure. C'est le cas de leur rappeler le mot de Napoléon Ier : « Dogmatiser sur ce qu'on n'a pas pratiqué est l'apanage de l'ignorance. »

Pour moi qui savais comment les choses s'étaient passées à Courcelles, le 22 août 1870, lors de la réception de la dépêche du 20 août, et qui étais le seul, paraît-il, à me les rappeler, j'assistai pendant le procès de Trianon à un singulier spectacle. Je vis deux maréchaux, l'un qui avait expédié la dépêche, l'autre qui l'avait reçue, étonnés et diversement impressionnés par tout le bruit qui se faisait à l'endroit de cette pièce, à laquelle on venait donner, après coup, une importance que n'avaient soupçonné, ni son auteur, ni surtout le destinataire, puisque le souvenir même s'en était effacé de son esprit. Le maréchal Bazaine qui, en l'écrivant, n'avait nullement entendu prescrire au maréchal de Mac-Mahon d'attendre un nouvel avis avant de se mettre en marche, et qui avait expliqué lui-même le véritable sens de la dépêche en déclarant plus tard qu'elle n'était pas autre chose que la répétition d'une dépêche envoyée antérieurement, le maréchal Bazaine s'efforçait, pour des raisons qu'il ne convient pas d'indiquer ici, de répondre aux interprétations erronées du président, au lieu d'avouer simplement que, dans sa pensée, elle n'avait pas le sens qu'on lui attribuait. N'avait-il pas dit, à la séance du 7 octobre : « Cette dépêche était donnée *à titre d'avis seulement*, comme les dépêches précédentes adressées à l'Empereur ? » Quant au maréchal de Mac-Mahon, qui avait perdu le souvenir de la dépêche et qui, s'il eût été abandonné à lui-même, n'eût pas manqué de lui reconnaître aussi peu d'importance qu'il lui en avait reconnu le 22 août 1870, il se laissait gagner par l'émotion qui s'était emparée du public, et il s'efforçait d'expliquer l'influence qu'elle aurait pu avoir sur ses décisions, si elle lui était parvenue. Dans sa déposition il avait déclaré ne se rappeler nullement la dépêche, et, le rapporteur lui ayant demandé, pour le cas où il l'aurait reçue, s'il serait parti et s'il n'aurait pas cru indispensable d'attendre un nouvel avis du maréchal Bazaine, il avait répondu : « Consciencieusement, il est probable que, même après la réception de cette lettre, j'aurais continué la marche sur la Meuse, sauf à voir ce qu'il y aurait à faire y étant arrivé (1). » Le 3 novembre, le président du conseil de guerre, usant de son pouvoir discrétionnaire, fit poser diverses questions au maréchal de Mac-Mahon, alors président de la République. Le maréchal répondit : « Je ne me rappelle pas avoir reçu cette dépêche, et il me semble impossible qu'elle m'ait échappé, puisqu'elle m'aurait permis d'arrêter le mouvement vers l'est, si les circonstances m'avaient paru l'exiger. »

(1) C'est au sujet de cette déclaration du maréchal de Mac-Mahon que le rapporteur écrit ces mots : L'instruction n'a qu'à s'incliner devant cette *déclaration généreuse*. Le maréchal a dû être étonné d'entendre qualifier par une si délicate flatterie le simple énoncé de la vérité.

Comme on voit, le maréchal n'affirme point péremptoirement que la dépêche ne lui soit pas parvenue; il se borne à déclarer qu'il ne se rappelle pas l'avoir reçue. On remarquera que cette réponse fut faite le jour même de l'incident d'Abzac, mais avant que cet incident ne se produisît, et il est permis de se demander quelle influence il aurait eu sur la réponse du maréchal, s'il se fût produit un jour plus tôt.

RÉSUMÉ

Je résume, pour plus de clarté, le récit des faits qui se rapportent à la dépêche du 20 août 1870.

Le 22 août 1870, le jour où le maréchal de Mac-Mahon s'était décidé à porter vers l'est l'armée de Châlons, arriva à Courcelles, vers sept heures du soir, à mon adresse, une dépêche chiffrée que lui envoyait le maréchal Bazaine. Comme elle fut remise dans la maison qu'habitait le maréchal à un moment où je n'y étais pas, et qu'on pouvait craindre que je ne restasse absent pendant quelque temps, elle fut ouverte et déchiffrée par des officiers de l'état-major particulier. Le commandant en chef de l'armée du Rhin donnait, dans cette dépêche, des renseignements déjà connus par des télégrammes antérieurs, et il la terminait en faisant connaître au maréchal de Mac-Mahon, *à titre d'avis seulement*, qu'il le préviendrait de sa marche, si toutefois il pouvait l'entreprendre sans compromettre l'armée. La dépêche ne renfermait donc rien qui fût de nature à frapper le maréchal de Mac-Mahon, ni à influer sur les résolutions prises par lui le matin. Aussi passa-t-elle, pour ainsi dire, inaperçue et lorsque, deux jours après, les inspecteurs de police qui me l'avaient expédiée arrivèrent à Rethel et remirent l'original de la dépêche au colonel d'Abzac, ils reçurent de cet officier cette seule réponse : « Nous connaissons cela depuis quarante-huit heures. »

Deux ans après la guerre, le gouvernement fit instruire l'affaire du maréchal Bazaine. L'instruction fut confiée à un officier du génie, élevé au grade de général de brigade par les hommes du Quatre-Septembre, complétement étranger à des fonctions qu'il allait remplir pour la première fois. Croyant devoir attribuer à la dépêche du 20 août une importance capitale, il interrogea le maréchal de Mac-Mahon, qui déclara ne pas se rappeler l'avoir reçue. Deux officiers de son état-major particulier firent une déclaration semblable à la sienne, et allèrent jusqu'à affirmer que la dépêche n'était jamais parvenue à leur connaissance, ni à celle du maréchal.

Le rapporteur me fit comparaître à mon tour. Interrogé à l'improviste sur un fait sans importance qui s'était passé deux ans auparavant, je n'étais pas à même de fournir des indications précises et mes réponses se ressentirent forcément d'un défaut de mémoire. Je déclarai, ce qui était vrai, que je n'avais ni reçu, ni déchiffré la dépêche du maréchal Bazaine. Le rapporteur me congédia, en me disant qu'il ajoutait foi à ma déposition et que, selon lui, la dépêche avait dû être interceptée par l'Empereur.

Cependant ce même rapporteur m'accuse, quelque temps après, sans m'interroger de nouveau, d'avoir soustrait la dépêche à trois reprises différentes, d'avoir manqué à mon devoir et commis un acte inouï. Au lieu de me faire arrêter, comme il le devait, il me laisse libre, et je suis assigné à comparaître comme témoin devant le 1er conseil de guerre de la 1re division militaire, chargé de juger le maréchal Bazaine. Comme je savais que la dépêche du 20 août était arrivée à destination et qu'elle avait été déchiffrée à l'état-major particulier du maréchal de Mac-Mahon, je regardais comme impossible que ce fait ne vînt pas à être prouvé un jour ou l'autre d'une façon quelconque, ce qui devait avoir pour conséquence de faire tomber l'accusation dont j'étais l'objet. Effectivement, il se produisit, à la séance du 3 novembre, un incident qui était de nature à m'absoudre entièrement.

Mais cet incident mécontentait, par diverses raisons, un grand nombre de personnes : 1° il constituait un échec grave pour le rapporteur, qu'on n'allait pas manquer d'accuser d'une singulière légèreté dans ses déductions; 2° il obligeait les gens à prévention et les ennemis de l'Empire à reconnaître que ni l'Empereur, ni moi n'avions intercepté la dépêche; 3° il prouvait que le maréchal de Mac-Mahon et plusieurs de ses officiers avaient manqué de mémoire, en déclarant ne pas avoir reçu une pièce dont on avait singulièrement exagéré l'importance, et, ce qui ne laissait pas que d'être délicat, on allait se voir forcé de les interroger de nouveau et de les mettre en contradiction avec eux-mêmes. Le conseil de guerre, visiblement impressionné, jugea à propos de laisser tomber l'incident. On persista à me présenter comme coupable et le public fut d'autant plus disposé à me considérer comme tel, que le commissaire du gouvernement énonça ses réserves pour me faire traduire devant un conseil de guerre, sous l'inculpation de soustraction de dépêches, crime prévu et puni par l'article 255 du Code de justice militaire.

Je pris aussitôt les devants, et je demandai à comparaître devant un conseil de guerre. Une longue instruction s'ensuivit, où furent interrogés un grand nombre de témoins, entre autres tous ceux qui pouvaient renseigner sur l'incident du 3 novembre, et où la déposition des inspecteurs de police Miès et Rabasse fut pleinement confirmée. Le ministre de la guerre rendit en conséquence, à la date du 13 juillet dernier, une ordonnance de non-lieu, qui démontra l'inanité de l'accusation portée contre moi par le rapporteur de l'affaire du maréchal Bazaine.

Tel est le résumé succinct de l'affaire relative à la dépêche adressée par le maréchal Bazaine au maréchal de Mac-Mahon, le 20 août 1870. J'ai donné ce récit, comme je l'ai déjà indiqué, dans la seule intention de rétablir les faits, et non pas pour me justifier, puisqu'on n'a pas à se justifier d'un crime imaginaire. Je devais attendre, avant de le publier, que le résultat de l'enquête ordonnée par le ministre fût connu, et que j'eusse exécuté jusqu'au bout la peine de trois mois de prison, à laquelle j'ai été condamné. N'ayant pas pu, comme je le désirais, me défendre devant un conseil de guerre, j'ai regardé comme un devoir d'expliquer publiquement ma conduite. J'avais d'autant plus de raisons d'agir ainsi qu'aux élections du 27 avril 1873, 27 mille électeurs ont bien voulu m'honorer de leurs suffrages. Or, il est arrivé qu'après le 4 novembre, jour de la séance du conseil de guerre de Trianon où je fus accusé de soustraction de dépêches, un très-grand nombre de lettres me furent adressées. Les unes émanaient de personnes qui, ayant voté en ma faveur le 27 avril 1873, me déversaient l'outrage en m'accusant de les avoir trompées et de m'être posé en honnête homme et en soldat, quand je n'étais, à tout prendre, disaient-elles, qu'un voleur de dépêches. Les autres provenaient de plusieurs électeurs qui, ne pouvant croire à ma culpabilité, m'invitaient instamment à m'expliquer sur la grave accusation dont j'étais l'objet. Je reconnus que toutes les personnes qui m'ont honoré de leurs votes avaient un droit évident à des explications loyales et sincères, et c'est une des raisons pour lesquelles je me suis décidé à publier ce récit.

ENQUÊTE

QUI A PRÉCÉDÉ L'ORDONNANCE DE NON-LIEU

La sincérité de ce récit a été complétement établie par l'instruction à laquelle s'est livré le colonel Clappier, commissaire spécial du gouvernement près le 2e conseil de guerre permanent de la 1re division militaire. L'administration de la guerre est en possession de ce document. Qu'elle veuille bien le publier, comme je l'en supplie. Elle en a le droit, elle en a le devoir dans l'intérêt de la vérité, pour réparer le mal causé à un honnête homme par une calomnie involontaire. Elle le fera, je l'espère ; mais dès à présent, comme j'ai été tenu, en ma qualité de prévenu, d'écouter devant le juge d'instruction du 2e conseil de guerre de la 1re division militaire la lecture des dépositions des nombreux témoins qui ont été interrogés, je crois devoir fournir une analyse de celles de ces dépositions qui ont le plus d'importance. Je me bornerai à relater celles des témoins qui ont joué un rôle dans l'incident d'Abzac, en renvoyant le lecteur, pour ce qui regarde les détails de cet incident, à la page 37 de la présente brochure. On reconnaîtra, en effet, que si l'enquête réussissait à l'éclaircir et qu'il vînt à être démontré que les inspecteurs de police Miès et Rabasse avaient dit la vérité, il en découlait que l'état-mojor particulier du maréchal de Mac-Mahon connaissait la dépêche du maréchal Bazaine le 22 août déjà, et que, conséquemment, je ne l'avais pas interceptée.

Déposition du colonel d'Abzac. — Le colonel, d'Abzac pris à l'improviste le 3 novembre 1872, à Trianon, par la déposition des inspecteurs de police Miès et Rabasse et confronté avec eux, avait déclaré qu'on ne l'avait pas réveillé à Rethel dans la nuit du 24 au 25 août 1870 et qu'aucune dépêche ne lui avait été remise. Il a persisté dans ces déclarations devant le juge d'instruction du 2e conseil de guerre de la 1re division militaire.

Déposition des nommés Miès et Rabasse. — Ces deux hommes ont maintenu jusque dans les moindres détails, sans rien ajouter, ni retrancher, leurs dépositions des 3 et 4 novembre 1873 devant le 1er conseil de guerre de la 1re division militaire.

Déposition de la servante de Rethel. — Cette servante, est employée depuis dix ans au service de l'hôtel qu'habita, à Rethel, le maréchal de Mac-Mahon. Interrogée à deux reprises différentes, elle a confirmé de tous points la déposition des inspecteurs de police. D'après sa déclaration, elle a ouvert la porte de la maison dans la nuit du 24 au 25 août aux nommés Miès et Rabasse ; elle les a conduits au premier étage chez l'officier de service, elle a vu celui-ci réveiller le colonel d'Abzac ; le colonel est sorti de sa chambre en costume de nuit, a reçu les dépêches de la main d'un des inspecteurs de police, les a examinées et les leur a rendues en disant : « Nous connaissons cela depuis deux jours ; c'est ce que vous avez télégraphié ; attendez qu'il fasse jour, vous remettrez vos dépêches au colonel Stoffel. » Le juge d'instruction n'a pas regardé comme nécessaire de confronter le colonel d'Abzac avec la servante, tant celle-ci était affirmative quant aux détails des faits et aux noms des personnes.

Déposition de la sœur de la servante. — Elle demeurait dans la maison occupée par le maréchal. Elle déclare avoir accompagné sa sœur lorsque celle-ci alla ouvrir la porte à deux hommes, dans la nuit du 24 au 25 août. Elle ajoute qu'elle est montée au premier étage avec ces deux hommes et sa sœur, et qu'elle est ensuite rentrée dans sa chambre.

Déposition de M. Marescalchi. — M. Marescalchi a déclaré que, vers le milieu de la nuit du 24 au 25 août, la servante de l'hôtel a conduit près de lui, au premier étage, deux hommes se disant porteurs de dépêches; mais qu'il lui serait impossible de se rappeler leurs traits. Il a reconnu avoir réveillé lui-même le colonel d'Abzac, et avoir vu un des deux hommes lui remettre une liasse de papiers. Il a vu le colonel examiner ces papiers et les leur rendre presque aussitôt. Il ajoute que s'étant retiré de quelques pas pendant l'entretien, il n'a pas entendu les paroles prononcées par le colonel d'Abzac.

Je m'abstiens, pour ne pas fatiguer le lecteur de reproduire un plus grand nombre de dépositions. Il résulte clairement de celles dont je viens de donner l'analyse que les nommés Miès et Rabasse ont été vrais et sincères dans leurs dépositions, et que le colonel d'Abzac a manqué de mémoire le 3 novembre 1873 devant le conseil de guerre de Trianon, ce qui est très-concevable chez un homme qu'on interroge à l'improviste sur un fait qui s'est passé deux ans auparavant. Il en résulte également, comme je l'ai déjà dit, que la dépêche du 20 août fut connue le 22 des officiers de l'état-major particulier du maréchal de Mac-Mahon, et que je ne l'ai pas interceptée.

On demandera peut-être quel est l'officier ou

quels sont les officiers de l'état-major particulier qui ont déchiffré la dépêche, lorsqu'elle arriva à Courcelles, le 22 août à sept heures du soir. Je l'ignore, et tout ce que je puis dire à ce sujet, c'est que le chiffre du maréchal était et resta confié, pendant toute la campagne, à la garde du colonel d'Abzac et de M. Emmanuel d'Harcourt ; que je ne m'en suis jamais servi, et que je crois même ne l'avoir jamais vu.

Que faut-il penser des calomnies par lesquelles on a représenté l'Empereur comme m'ayant donné l'ordre de détourner la dépêche destinée au maréchal de Mac-Mahon? Je n'oublierai pas le respect que je porte à l'Empereur jusqu'à essayer de le défendre contre ces sottes calomnies. Tous ceux qui ont approché le souverain à cette époque, savent avec quelle loyauté et avec quelle abnégation il avait abandonné le commandement de l'armée au maréchal de Mac-Mahon. Par l'élévation même de son caractère, il était incapable de commettre un acte déloyal et les odieux soupçons, dont il a été l'objet dans ces circonstances, ne sont dus qu'aux préventions et aux haines, fruits de nos discordes intestines. A ceux qui ont insinué que j'avais intercepté la dépêche sur un ordre de l'Empereur, je répondrai par le récit des faits qui précèdent. Je n'ai donc pas besoin d'ajouter que les 21 et 22 août, pendant le séjour de Courcelles, je n'ai pas vu l'Empereur une seule fois, et que je n'ai eu aucun rapport de service avec les personnes de son entourage (1).

(1) On a essayé de contester que le maréchal de Mac-Mahon eût pu avoir connaissance de la dépêche du 20 août, en s'appuyant de celle qu'il adressa le 27 août au ministère de la guerre (voir page 82) et où il dit : « Je suis sans nouvelles de Bazaine depuis le 19. » Je ferai remarquer d'abord qu'il existe des variantes de cette phrase, entre autres celle-ci : « Je suis sans nouvelles de Bazaine, » et qu'il importerait, par conséquent, de connaître exactement le texte original. Mais on s'expliquerait facilement que le maréchal de Mac-Mahon eût écrit le 27 août qu'il était sans nouvelles du maréchal Bazaine depuis le 19, en admettant d'abord que la dépêche du 20 août, arrivée le 22, ne l'a nullement frappé et ensuite que les officiers chargés du registre de correspondance ont oublié d'y consigner la réception de cette dépêche. Cette dernière supposition n'étonnera pas les personnes qui ont été témoins du désordre qui régnait dans les états-majors de l'armée de Châlons, désordre presque inévitable, qu'augmentaient encore, le 22 août au soir, les préparatifs de départ pour le lendemain.

OBSERVATIONS ET ENSEIGNEMENTS

Il se dégage des faits dont le récit précède quelques enseignements, que je voudrais indiquer d'une façon sommaire. Le premier n'est qu'une vérité vieille comme le monde, mais qu'on ne doit pas se lasser de répéter : je veux dire que les autorités ne sauraient apporter trop de soins dans le choix des hommes à qui elles confient des fonctions importantes. Elles devraient se garder de sacrifier à ce préjugé national qui veut qu'en France chacun soit propre à tout, sans avoir, le plus souvent, rien appris. Nous souffrons tous plus ou moins de ce défaut, produit de l'ignorance et de la vanité. Qu'on demande à un commis s'il consentirait à diriger demain une grande entreprise industrielle; au dernier petit substitut s'il voudrait être porté à la tête de la magistrature; à un député s'il voudrait être ministre; à un sous-officier s'il accepterait un emploi d'officier; à un général s'il voudrait commander un corps d'armée; on n'en trouvera pas un qui n'acceptât aussitôt, sans aucune hésitation et sans même se demander s'il possède les connaissances et les qualités requises pour remplir les fonctions qu'on lui propose. Aucun pays n'offre des exemples pareils à ceux dont nous avons été témoins : un avocat ignorant et phraseur se croit apte à diriger les affaires extérieures de la France; un autre avocat, farceur sceptique, qui n'a jamais aligné deux chiffres, administre les finances; un troisième prétend gouverner le pays, créer des armées et les conduire à la victoire.

Il s'agit un jour d'instruire l'affaire du maréchal Bazaine : on choisit comme rapporteur un officier du génie, sans se demander si ses antécédents, son caractère et ses connaissances le rendent apte à en remplir les fonctions. Se le demande-t-il lui-même? Nullement. Il n'a jamais figuré dans les parquets militaires, il ignore toutes choses en matière de procédure; qu'importe! il a été désigné, il accepte. Dieu me garde de dire ici que le rapporteur soit un malhonnête homme! Je ne le connais pas, et je ne tiens aucun compte des nombreuses lettres de félicitations qui me sont parvenues dans les jours qui ont suivi la séance du 4 novembre à Trianon, et où on me le présentait sous un jour peu avantageux. Je veux me borner ici à énumérer les nombreuses erreurs qu'il a commises, par défaut d'expérience, dans l'affaire qui me concerne.

1° Le rapporteur m'interroge une seule fois, me dit qu'il croit à la sincérité de ma déposition et m'accuse, quelque temps après, d'avoir commis un acte qualifié de crime ;

2° Il n'interroge que trois officiers sur les dix dont se composait l'état-major particulier du maréchal de Mac-Mahon ;

3° Chose à peine croyable, il n'assigne même pas le général Faure, ancien chef d'état-major de l'armée de Châlons, l'homme qui, par la nature des fonctions qu'il remplissait, était le mieux placé pour le renseigner. Il n'assigne pas non plus le capitaine Waru que je m'étais adjoint dans le service dont j'avais été chargé ;

4° Il sait que la dépêche du maréchal Bazaine était chiffrée, il sait que le chiffre du maréchal de Mac-Mahon était confié exclusivement à M. Emmanuel d'Harcourt et au colonel d'Abzac, et il n'interroge pas M. d'Harcourt ;

5° Les inspecteurs de police Miès et Rabasse sont interrogés une seule fois, de la façon la plus incomplète. Miès ne l'est même pas par le rapporteur, mais par je ne sais quel officier assesseur qui ne lui adresse que trois ou quatre questions sans lui demander aucun détail. (Voir la déposition de Miès à la séance du 4 novembre 1873.) Aussi le rapporteur ignora-t-il les faits qui s'étaient passés à Rethel, dans la nuit du 24 au 25 août, entre les agents et le colonel d'Abzac, faits dont la divulgation aurait suffi pour le convaincre que je n'avais pas détourné la dépêche du 20 août ;

6° Le rapporteur m'accuse d'avoir supprimé non-seulement la dépêche arrivée à Courcelles, mais encore une seconde expédition qu'un élève de l'Ecole polytechnique, M. Bazelaire, adressa directement de Givet au maréchal de Mac-Mahon. Que le rapporteur m'ait accusé d'avoir intercepté une dépêche destinée au maréchal, mais à moi adressée, cela se comprendrait à la rigueur; mais qu'il m'accuse encore d'avoir soustrait des dépêches adressées nominativement au commandant en chef, cela paraîtra au moins singulier. Le rapporteur suppose donc que je me permettais de décacheter les dépêches adressées au maréchal, et que je me postais le jour durant devant la porte de son cabinet pour arrêter au passage les lettres qu'on apportait? Ainsi donc, de ce que le maréchal a déclaré ne pas se rappeler la dépêche du 20 août, le rapporteur en conclut que j'en ai supprimé toutes les expéditions !

7° Il se trompe jusque dans les détails qui se rapportent aux heures et aux jours. C'est ainsi qu'il fait arriver les nommés Miès et Rabasse à Rethel dans la nuit du 25 au 26 août, tandis qu'ils y arrivèrent dans la nuit du 24 au 25.

8° Il a basé son acte d'accusation contre moi sur une expédition de dépêche qui n'a jamais été envoyée à Courcelles, et qui n'était qu'une ampliation de celle qu'on m'avait adressée trois heures auparavant.

9° Il a toujours ignoré que l'expédition reçue à Courcelles avait été envoyée de Reims à six heures cinquante minutes du soir.

10° Il n'a nullement compris le caractère de la mission que j'avais confiée aux deux inspecteurs de police. Je leur avais dit, le 19 août, au camp de Châlons : « Allez, essayez d'arriver à Metz et envoyez-moi des nouvelles du maréchal Bazaine ; si vous réussissez, je vous ferai donner une forte récompense.» Ils n'avaient rien risqué pour arriver à Metz et ils s'étaient bornés à prendre chez le commandant de place de Longwy plusieurs dépêches que cet officier venait de recevoir et qu'il allait expédier lui-même. En quoi, je le demande, ces deux hommes avaient-ils rempli la mission dont je les avais chargés ? Aussi ne m'est-il jamais venu à l'esprit de leur remettre la récompense que je leur avais promise, pour le cas où ils auraient réussi à se procurer *par eux-mêmes* des nouvelles de Metz, et je dois ajouter qu'aucun d'eux n'a songé à me la réclamer. Il est singulier, après cela, que le rapporteur Séré de Rivières m'ait accusé d'avoir trompé les agents et que le public, se laissant prendre au récit pittoresque que firent de leur voyage ces deux hommes, les ait regardés comme des héros méconnus, ce qui me faisait passer, conséquemment, comme les ayant exposés à tous les périls sans les dédommager.

On est effrayé quand on pense que de si nombreuses erreurs ont pu être commises par le rapporteur à propos de la seule affaire de la dépêche du 20 août, qui ne constitue qu'un détail sans importance dans la longue et grave procédure d'où devait dépendre la vie et l'honneur d'un maréchal de France. Quand on a été, comme moi, la victime de pareilles erreurs pendant toute une année, il est permis de se demander si elles n'auraient pas pu être évitées et s'il n'existe aucun moyen d'empêcher qu'elles ne se reproduisent à l'avenir. La première des garanties serait, comme je l'ai déjà dit, que les autorités responsables apportassent plus de discernement dans le choix des personnes; mais si, dans les cas extraordinaires, comme celui de l'affaire du maréchal Bazaine on ne peut pas faire autrement que de prendre pour rapporteur un officier sans expérience, ne conviendrait-il pas de lui adjoindre un juge d'instruction de la magistrature civile qui, habitué à ses fonctions, assisterait le rapporteur militaire, le guiderait et l'empêcherait de s'égarer ?

On nous enseigne que la justice et ses représentants doivent toujours être respectés. C'est un principe fort sage; mais lorsqu'un homme, qui n'a rien à se reprocher, se voit accusé d'avoir manqué à l'honneur et d'avoir commis un crime, lorsqu'il entend exprimer une pareille accusation publiquement, devant le monde entier, peut-il donc demeurer indifférent, et n'est-ce pas trop exiger que de lui imposer le respect pour le magistrat, auteur de si graves erreurs ? Qu'on nous fasse un devoir de respecter la justice, qu'on punisse celui qui s'en affranchit, rien de mieux ; toutefois un gouvernement ne doit jamais oublier qu'un de ses premiers soins consiste à rendre à tous l'accomplissement de ce devoir possible et même facile. Il serait donc coupable de choisir pour magistrats des hommes qui, par leurs défauts ou par leur inexpérience, rendraient l'exercice de ce devoir trop pénible.

Un fait grave a été mis en lumière une fois de plus dans l'affaire qui me concerne : c'est que la liberté individuelle n'existe en France que dans des limites restreintes. Qu'est-il arrivé, en effet ? Un magistrat, à la suite d'une instruction incomplète, m'accuse d'avoir commis un crime et, quelques mois après, une ordonnance de non-lieu, rendue en conséquence d'une enquête de plusieurs mois, démontre que ce magistrat s'est trompé. Par suite de son erreur, je reste pendant toute une année sous le coup d'une fausse accusation, je subis trois mois de prison et je souffre de dommages matériels. Pourquoi n'ai-je pas la possibilité ou, si l'on veut, la liberté de demander une réparation des torts qui m'ont été causés? Toute accusation reconnue fausse ne devrait-elle pas donner recours à une action en réparation à la charge de l'état ou même contre celui qui, par la légèreté d'une procédure, aurait compromis la liberté ou les intérêts d'un inculpé?

On doit dire hautement que la liberté individuelle n'est pas entière dans un pays dont la législation n'offre pas un contre-poids à des poursuites imprudentes; car une des conditions essentielles de l'existence de cette liberté, c'est que tout citoyen puisse obtenir réparation des dommages dont il a eu à souffrir. Ces considérations montrent combien est intime, dans bien des cas, la relation qui existe entre la justice et la liberté, et on ne sera pas étonné que de profonds esprits aient défini la liberté en disant qu'elle n'est pas autre chose que la justice.

Une des raisons pour lesquelles nous ne sommes pas encore, en France, dignes de la liberté, c'est que le sentiment de la justice n'y est pas assez développé. On en a eu un exemple après le 3 novembre, jour où se produisit l'incident d'Abzac. Le conseil de guerre jugea à propos, comme on l'a vu, de ne pas donner suite à cet incident, au lieu de l'éclaircir, ce qui eût démontré dès ce moment, l'inanité de l'accusation portée contre moi. Il est bien entendu que je dois tous mes respects à cette décision du conseil de guerre; mais il n'en est pas moins vrai que, si le sentiment de la justice ne s'était pas affaibli en France, on aurait vu s'élever de toutes parts, dans la presse et ailleurs, des réclamations ou des protestations ardentes, qui auraient peut-être obligé le conseil à donner suite à l'incident dont il s'agit.

Je voudrais signaler un fait qui touche au même ordre d'idées. Est-il juste d'enfermer un condamné, qui n'a commis aucun acte infamant dans la même prison que des escrocs, des voleurs et des assasins? Les trois mois d'emprisonnement auxquels m'a condamné le tribunal de police correctionnel de Versailles me furent infligés comme châtiment de certaines paroles, par lesquelles j'exprimai mon sentiment à l'égard d'un rapporteur qui m'accusait d'un crime; mon délit n'avait rien d'infamant. Et cependant, ancien colonel de l'armée, ancien attaché à l'état-major particulier du commandant en chef de l'armée de Châlons, lequel est aujourd'hui président de la République française, je dus subir le quart de ma peine dans la même prison que des assassins et des voleurs ; je fus soumis, à peu de chose près, au même régime qu'eux, et c'est par faveur spéciale qu'on ne me fit pas, comme à ces messieurs, raser les cheveux et endosser le costume du lieu. Je le répète : est-ce juste ? Et n'y a-t-il pas là quelque réforme à faire ?

Depuis le 7 octobre 1874, où le public eut connaissance de l'accusation portée contre moi par le rapporteur de l'affaire du maréchal Bazaine, il m'a été demandé maintes fois quelle avait été à mon égard, dans ces circonstances, la conduite du maréchal de Mac-Mahon et celle des officiers qui composaient son état-major particulier à l'armée de Châlons. On désirait savoir s'ils me croyaient coupable du crime qui m'était imputé et par quelles raisons, dans le cas contraire, ils ne prenaient pas ma défense. Parmi les officiers de l'état-major particulier du maréchal, il en est plusieurs qui se trouvèrent plus directement intéressés dans l'affaire de la dépêche du 20 août 1870. Leur conduite à mon égard n'a eu rien que de très-explicable à une époque comme la nôtre, que caractérisent les défaillances de toutes sortes et l'abaissement graduel des caractères.

A l'origine ils me rendirent justice en disant

et en répétant que j'étais incapable d'avoir jamais supprimé une dépêche destinée au maréchal; mais ils devinrent plus réservés dans leurs déclarations favorables, à mesure que l'affaire se compliqua, et que l'opinion publique sembla se tourner contre moi. Ce changement dans leurs dispositions se conçoit aisément; car les souvenirs reviennent quelquefois avec le temps, et ces officiers durent se demander s'ils n'avaient pas été trop loin en déclarant, après le maréchal de Mac-Mahon, que la dépêche du 20 août leur était restée inconnue. Survint, à la séance du 3 novembre, l'incident d'Abzac, qui était de nature à augmenter leurs doutes, et à leur démontrer qu'ils pouvaient avoir manqué de mémoire dans leurs dépositions. Aussi en furent-ils quelque peu gênés, jusqu'au moment où le conseil de guerre décida d'écarter l'incident, et où le commissaire du gouvernement me désigna comme le vrai coupable. Mais ces faits placèrent les officiers du maréchal dans une situation malaisée à mon égard, et, à partir de ce moment, leur langage se modifia sensiblement. Se méprenant du tout au tout sur la cause du silence que je gardais envers eux comme envers tout le monde, ils ne furent pas éloignés de l'attribuer à un aveu tacite de culpabilité. Je ne fus plus considéré par eux comme absolument incapable d'avoir commis un acte odieux, et j'en pourrais citer qui le donnèrent à entendre. Que des personnes qui me connaissent vinssent à leur dire : « Mais vous savez bien que le colonel Stoffel n'a jamais soustrait de dépêche », ils avaient pour toute réponse un léger haussement d'épaules, comme pour dire : « Qui sait? Tout est possible. » Depuis lors, ces officiers ont dû apprendre que le ministre de la guerre avait rendu une ordonnance de non-lieu en ma faveur. Qu'en pensent-ils? Je n'ai nulle envie de le savoir; car si j'ai pu tenir autrefois à leur opinion et à leur estime, j'y suis aujourd'hui absolument indifférent.

La conduite de ces officiers, mes anciens camarades d'une cruelle époque, n'a rien qui m'étonne, et elle ne m'afflige pas. Sur les trois mois de prison que j'ai subis, j'ai passé treize jours dans une cellule à la maison de détention de Saint-Pierre, à Versailles, où je n'étais séparé de ces messieurs que par la largeur d'une rue. Me plaindrai-je de ce qu'aucun d'eux ne soit venu me visiter une seule fois? Loin de là : je connais assez mon époque pour savoir qu'il ne faut pas trop exiger des hommes. L'élévation de caractère est chose rare, et les défaillances sont communes par le temps qui court.

Quant au maréchal de Mac-Mahon, que de fois ne m'a-t-on pas demandé pour quelles raisons lui, mon ancien chef, n'avait jamais pris ma défense, ni prononcé un seul mot en ma faveur. « Le maréchal vous croit-il donc coupable? » me disaient les uns; « mais vous laisser accabler ainsi est chose indigne de lui, » disaient les autres. Je dus entendre à ce sujet des langages divers, où la conduite du maréchal était, le plus souvent, sévèrement jugée. J'ai toujours répondu que le maréchal de Mac-Mahon était tenu, comme chef de l'état, à une autre conduite qu'un particulier, conduite dont, ni moi ni d'autres, n'avaient le droit de lui demander compte. Le maréchal, pour qui je ne suis pas le premier venu, a eu évidemment de sérieuses raisons pour agir envers moi comme il l'a fait. Il n'a pas manqué de dire autour de lui qu'il me considérait comme incapable d'avoir commis l'acte qu'on me reprochait; mais que pouvait-il faire de plus, si ce n'est de laisser la justice suivre son cours régulier? Plus tard, beaucoup de personnes auraient désiré que le maréchal diminuât la durée de la peine que j'avais encourue, et elles se sont montrées fort étonnées qu'il n'usât pas de son droit de grâce au moment où, ma non-culpabilité ayant été constatée par l'ordonnance de non-lieu, il me restait encore à subir six semaines de prison. Ces personnes sont injustes envers le maréchal, et elles apprécient mal les devoirs qui incombent à un chef d'état.

Si le maréchal avait occupé toute autre position, il n'aurait pas manqué de me défendre ouvertement, et peut-être publiquement, contre les calomnies dont j'étais l'objet. Il se serait dit, en qualité d'ancien commandant suprême de l'armée de Châlons, que le plus beau privilége d'un chef consiste à couvrir et à protéger ses subordonnés, surtout quand on les sait loyaux et non coupables, et qu'agir ainsi, c'est le seul moyen d'en exiger, à l'occasion, dévouement et sacrifice. Il se serait certainement rappelé ces belles paroles du grand Frédéric : « L'honnêteté persécutée me touche, et je vole à son secours, fût-ce jusqu'au bout du monde.» Il se serait rappelé peut-être qu'à Sedan, me trouvant à ses côtés lorsqu'il fut blessé, je me jetai à bas de cheval et qu'aidé du colonel d'Abzac, je le portai dans mes bras pour le soustraire à de nouveaux périls.

Mais le maréchal de Mac-Mahon est aujourd'hui président de la République et, comme tel, il ne peut être guidé dans ses actions que par des considérations d'ordre supérieur. Aux personnes qui ont paru surprises que le maréchal m'eût laissé exécuter ma peine de trois mois de prison, dont une partie dans une cellule, porte à porte avec des assassins, des escrocs et des voleurs, je répondrai simplement: « L'ancien commandant en chef de l'armée de Châlons, aujourd'hui président de la République, n'avait aucune grâce à faire à un colonel de son état-major particulier, qui l'a toujours loyalement servi. » Je n'avais que faire d'une grâce, et aussi bien n'en aurais-je accepté aucune; car l'accepter c'eût été me reconnaître coupable. Le maréchal de Mac-Mahon a donc agi sagement, et tout s'est terminé pour le mieux : je suis libre, réhabilité et affranchi de toute reconnaissance.

Paris, septembre 1874.

907. — Imprimerie Parisienne, J. Soubie, imp. Bonne-Nouvelle, 5. — Paris.

LA

DU 20 AOUT 1870

DU

MARÉCHAL BAZAINE AU MARÉCHAL DE MAC-MAHON

PAR

LE COLONEL BARON **STOFFEL**

Une belle Brochure grand in-8°. — **Prix : 2 francs.**

EN VENTE ICI

1874

Paris. — Imprimerie Parisienne, J. Soubie, 5, impasse Bonne-Nouvelle.

Affiche d'intérieur.

LA

DU

MARÉCHAL BAZAINE AU MARÉCHAL DE MAC-MAHON

PAR

LE COLONEL BARON STOFFEL

Une belle Brochure grand in-8° — Prix : 2 francs.

EN VENTE ICI

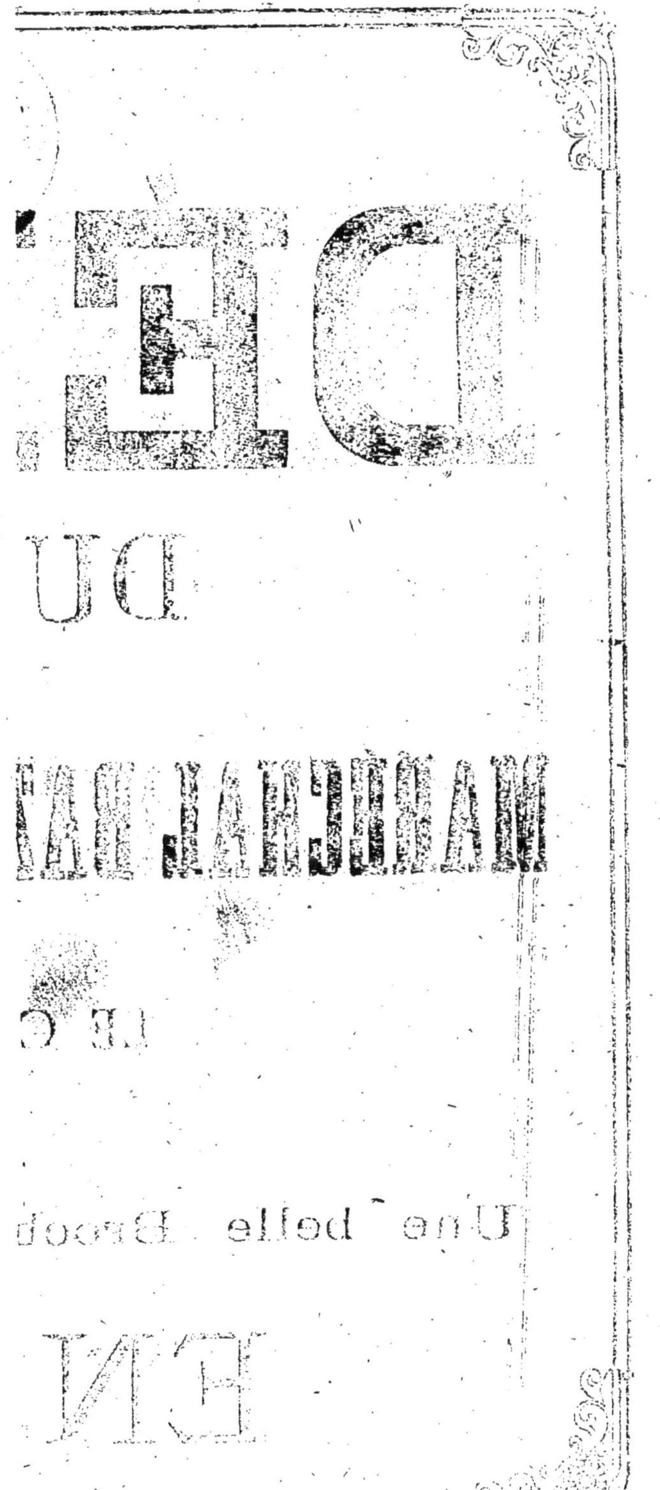

www.ingramcontent.com/pod-product-compliance
Ingram Content Group UK Ltd.
Pitfield, Milton Keynes, MK11 3LW, UK
UKHW020237220726
13923UKWH00002B/713